S·O·C·I·A·L S·E·C·U·R·I·T·Y L·A·W

사회보장법

유각근 저

선문대학교
SUN MOON UNIVERSITY

머리말

사회보장법은 사회법영역에서 가장 기본적인 사회보장 부문으로, 현재 우리나라 사회가 안고 있는 사회생활 문제에 대응하기 위해 사회생활문제와 사회보장법과의 관련성을 종합적·체계적으로 정리한 법체계이다. 이처럼 입체적으로 법규를 파악하기 시작한 것은 오래된 일이 아니다. 1995년 12월, 국민의 인간다운 생활을 위한 사회복지 제도의 근간이 되는 사회보장 기본법이 제정되면서 사회보장 정책의 통합, 국민의 보편적·생애 주기적 특성에 맞는 사회안전망 구축 등 오늘날 우리가 인식하고 있는 사회보장(사회복지) 개념이 형성되었던 것이다.

고령사회로의 빠른 전환, 출생아 급감, 평균수명 연장에 따르는 의료비 증가, 저 경제성장 시기도래, 퇴직 후 생활유지를 위한 연금, 보험의 필요성 등 시대가 요구하는 다양한 요인이 "사회보장 충실"이라는 국민의 기대가 더 한층 절실한 현실이다. 특히 최근 경기침체와 더불어 최대의 실업사태와 고용불안정으로 사회보장 환경의 변화에 맞는 사회보장법의 근본적 개혁을 요구받고 있기도 하다. 따라서 현 정부에서 핵심과제로 추진하려는 사회복지 국가로의 실현의지는 필요 불가결한 조치이고 단기적인 대응이 아닌 중·장기적 개선과제로 향후 사회보장에 대한 실질적 체계가 성립될 수 있도록 철저한 준비가 필요한 시기이다.

지난 몇 년간 사회보장법을 강의하면서 학부 수준에서 사용할 수 있는 적당한 교재를 선정하기 어려운 상태였다. 다행히 최근에 사회보장법 관련 다양한 강의서가 많이 출간되기 시작했고 여러 학자들의 참신하고 새로운 연구물이 축척되어 관심가지고 살펴 볼 부분이 많아졌다. 그러나 기존 강의서의 대부분은 사회보장론 전체(사회보장법, 사회복지법제론, 사회복지론 등)를 총 망라한 교재로 볼륨이 방대하여 한 학기에 완전하게 이해하기에는 다소 무리가 있었다. 이 책에서는 그와 같은 강의서와 수강자 사이의 괴리를 해소하고자 새로운 법 규정에 대한 해설 내지는 기본적 내용습득에 중점을 두어 요약 엄선된 사회보장법 기본내용만을 정리하였고, 수강생의 이해도를 높이기 위해 법리에 관련된 사례를 추가하여 알기 쉽게 구성하였다.

그간 집필자는 학생들에게 공부에 대한 부담은 줄여주고 사회보장법에 대한 관심은 향상시킬 수 있는 요약 정리된 강의서의 부재에 안타까워했는데, 이번에 용기를 내어 책을 출간하기에 이르렀다. 아직은 완성판이라기보다는 시험판이라는 자평이 지배적이지만, 부족한 부분은 지속적인 애정과 노력으로 보완할 수 있을 것으로 기대한다.

이 책이 나오기까지 여러 날을 교정·판례검색에 이르기까지 모든 작업에 도움을 준 신용협 군(박사과정 사회법전공 수료)의 헌신적인 노고에 특별히 고마움을 전하고 싶다. 또한 짧은 기간에 이 책을 출간하기 위해 애써주신 선문대학교 출판부 직원 여러분께도 고마움을 표하고자 한다.

2013년 8월 20일

선문대 아산 연구실에서

유 각 근

차 례

제1장 총 설

제2장 사회보험법

제3장 공공 부조법

부 록

▌참고문헌

· 이상윤, 사회보장법, 법문사, 2012 ························ 이상윤
· 전광석, 사회보장법론, 집현재, 2012 ····················· 전광석
· 김유성, 사회보장법론, 법문사, 2002 ······················ 김유성
· 조원탁외, 사회복지법제론, 양서원, 2012 ·············· 조원탁
· 窪田隼人、新現代社会保障法入門, 法律文化社、2002
· 阿部和光、市民社会と社会保障法、嵯峨野書院、2007
· 加藤智章、社会保障法、有斐閣、2007 ············ 加藤智章
· 이상윤, 노동법, 법문사, 2012 ································· 이상윤
· 임종률, 노동법, 박영사, 2013 ································· 임종률
· 하경효, 노동법사례연습, 박영사, 2007 ·················· 하경효
· 유각근, 노동법II, 학예사, 2009 ································· 유각근
· 하갑래, 근로기준법, 중앙경제, 2013 ······················ 하갑래
· 菅野和夫、일본노동법, 법문사, 2007 ····················· 이정譯
· 菅野和夫、労働法、弘文堂、2005 ······················ 菅野和夫
· 西谷敏、労働法 2, 法律文化社、2006 ·················· 西谷敏
· 日本労働法学会、21世紀労働法、有斐閣、2003 労働法学会
· 片岡昇、労働法 1、青林書院、2003 ······················ 片岡昇
· Douglas L. Leslie, Labor Law, 1992 Douglas L. Leslie
· Gould, William B, A Primer on American Labor Law
·· Gould, William

제 1 장 총 설

제1절 사회보장법의 형성
제2절 권리로서의 사회보장
제3절 사회보장법의 변천

제1절 사회보장법의 형성

1. 사회보장법의 개념

(1) 사회보장이란 무엇인가, 인간이 생활을 영위하는데 있어서 공통적으로 직면하는 불안은 빈곤, 질병, 장애, 노령, 실업 등의 이유로 생활상의 장애를 초래하는 것이다. 빈곤과 실업은 소득상의 장애를 가져다 줄 것이고 질병, 장애, 노령은 생활상의 장애를 초래할 것이다. 사회보장이란 결론적으로 생존권의 주체인 국민에 대하여 소득보장 또는 생활보장이라는 직접적인 목적으로부터 출발한 의미로 "빈곤으로부터 구제"가 기본적인 내용이다.

빈곤의 원인으로는 부상, 실업, 노령, 장애, 산업재해, 사망 등을 이유로 들 수 있고 이와 같은 생활사고로 인하여 소득의 상실 또는 지출의 증가를 초래하게 되고 결국엔 생활상의 궁핍으로 빈곤해지는 것이다.

19세기 이전, 자유방임주의 경제시대에는 빈곤은 개인의 나태함이 주원인이라 하여 자기생활조차 유지할 수 없는 자에게는 태만과 과실에 의한 것으로 추정 생활상의 궁핍 자를 구제하는 것을 경계하였다(개인주의 시대). 그러나 산업혁명의 진전에 따라 산업현장의 자동화는 근로자를 직장에서 퇴출시키는 요인이 되었고 산업재해의 증가로 20세기에는 개인의 태만이 아닌 본인의 노력에도 불구하고 사회적 요인으로 인한 빈곤이 발생하게 되었다. 결국, 생활위험(빈곤)은 개인에게만 책임을 추구할 수 없게 되고 국가 혹은 사회가 책임을 져야 된다는 주장이 등장(사회적 책임시대) 한 것이 근대적인 사회보장제도의 출현이다[1].

⑵ 사회보장법은 사회보장에 관한 법이다. 즉 사회보장법은 실질적으로는 사회보장에 관한 국민의 권리 및 국가의 의무를 규정하고 형식적으로는 사회보장에 관련된 법의 총체로 파악할 수 있다. 사회보장법의 개념을 파악하기 위해서는 핵심 개념인 사회보장의 개념을 정립하는 것이 선결과제이다. 사회보장의 개념은 국가와 시대에 따라 그 양상을 달리 하며 학자들도 서로 다른 다양한 견해를 제시하고 있어 이를 한마디로 정의하는 것은 거의 불가능하다. 그러나 사회보장 및 노동에 관한 대표적 구제기구인 ILO 및 사회보장제도의 발전을 주도하여 온 주요 국가의 사회보장제도를 고찰하여 보면 사회보장의 개념에 관한 어느 정도의 공통점을 발견할 수 있는바, 이를 중심으로 살펴보면 다음과 같다.

1942년에 ILO에서 제출된 "사회보장의 접근"이라는 제명의 보고서에서는 사회보장의 개념을 개인이 아닌 사회 또는 국가의 책임 하에, 사회적 위험 또는 빈곤에 대하여, 사회보험 또는 공공부조 등의 급여를 제공하는 것이라고 제시하고 있다. 동 보고서에서는 "사회보장이라 함은 국가 또는 사회가 적절한 조직을 통하여 그 구성원이 직면하는 일정한 위험에 대하여 제공하는 급여"라고 하였다. 이 경우"위험"은 적은 자산의 개인으로서는 독자적으로 또는 소수의 결합으로 용이하게 대처할 수 없는 본질적이고 회피할 수 없는 것으로서, 사회 또는 국가 전체 차원의 통합된 지원이 필요하다고 하였다. 지원의 구체적 방법으로서는 "질병의 예방 및 치료, 생활무능력자에 대한 최저생활보호, 또는 일상생활로의 복귀를 목적으로 하는 급여"가 필요하며 궁

1) 阿部和光、市民社会と社会保障法、嵯峨野書院、2007, p 4.

극적으로 사회보험 및 공공부조의 두 가지 사회보장 제도를 제시하고 있다. 사회보험과 공공부조는 결합하여 하나의 사회보장 제도를 구성하고 있는 바, 둘 중 어느 것에 비중을 둘 것인지의 여부는 개별 국가의 여러 여건에 따라 선택될 문제라고 하였다.

또한 1984년에 ILO에서 발간된 "사회보장입문"이라는 제명의 보고서에서는 사회보장이라 함은 "질병 출산 산업재해, 실업, 장해, 노령 및 사망에서 기인하는 소득의 중단 또는 감소에 따라 발생하는 경제적사회적 어려움에 대하여 국가 또는 사회가 공적제도를 통하여 그 구성원에게 제공하는 보호" 라고 제시하고 있다[2].

(3) 미국에서는 1935년에 사회보장법이 제정되었다. 동 법은 세계최초로 "사회보장"이라는 용어를 사용하고 있으며, 노령보험 실업보험을 근간으로 하는 사회보험 및 연방정부가 지원하고 주정부가 관장하는 공공부조 및 사회복지 서비스로 구성되어 있다. 동 법은 "사회보험"보다는 광범위하고 포괄적인"사회보장"의 개념을 최초로 사용하여 사회보장법이라는 새로운 법 영역을 개척하였을 뿐 아니라 여타 선진국의 사회보장제도에 커다란 영향을 미쳤다.

(4) 영국에서는 1942년 비버리지보고서를 기초로 하여 일련의 입법과정을 통하여 사회보장제도를 확립하였다. 비버리지보고서는 종래의 국가의 은혜적 조치로서 빈민구제의 성격을 갖고 있는 공공부조 및 사회보험제도의 근본 체제를 혁신하여, 국민의 권리로서 공공부조와 사회보험을 통합하는 포괄적이고 체계적인 사회보장제도를 제시하였다. 1946년 국민보험법, 1948년

2) 이상윤, 사회보장법, 법문사, 2012년, p 5.

의 국민부조법 등이 제정되어 현재 사회보장제도의 기반을 정립하였다[3].

(5) 우리나라의 사회보장기본법은"사회보장"이라 함은 질병, 장애, 노령, 실업, 사망 등의 사회적 위험으로부터 모든 국민을 보호하고 빈곤을 해소하며 국민생활의 질을 향상시키기 위하여 제공되는 사회보험, 공공부조, 사회복지서비스 및 관련복지제도를 말한다(동법 제3조 제1호). 고 규정하고 있다.

앞에서 살펴본 바와 같이 사회보장이라는 용어는 1935년에 미국에서 최초로 사용되었으나, 제도적 기원은 18, 19세기의 빈민구제부터 시작하여 발전하여 왔는바, 사회보장의 개념을 명확히 파악하기 위해서는 사회보장제도의 형성 및 발전과정을 고찰하여 보는 것이 필요하다.

2. 사회보장법의 형성 및 발전

(1) 자본주의 형성

① 시민법의 변화

자본주의사회의 기본원칙은 개인주의, 영리주의 그리고 자유주의이다. 이러한 기본원칙의 법적표현으로서 소유권 절대의 원칙, 계약자유의 원칙 그리고 과실 책임의 원칙 등 이른바, 시민법의 기본원리를 구성하게 되었다. 이러한 시민법의 원리 하에서는 모든 개인은 모두 자유 평등한 인격자로 인정되었다. 그러나 이러한 자유와 평등은 형식적인 관념에 불과한 것이었다. 오히려 자본주의 사회가 발전함에 따라서 부자유하고 불평등한 사회로 발전되었고, 새로운 특권계급인, 자본가 계급과 경제적 약자로서의 무산계급의 등

---

3) 이상윤, 앞의 책, p 5.

장 및 분열로 인하여 양 계급 간에 갈등관계가 야기되었다. 이에 따라 실질적인 자유와 평등을 실현시키고자 하는 사상이 대두되었는바 이것은 기존의 시민법 원리의 변혁을 의미하며 곧 새로운 사회법 원리의 생성을 말하는 것이다. 이는 오늘날 우리헌법 제34조 생존권 보장규정에 잘 나타나고 있다[4].

② 사회법의 원리

사회법은 시민법에 대립적인 법 개념으로서 보통은 시민법의 기본원리를 수정하는 의미를 가진 법을 말한다. 즉 사회법은 사적자치를 원칙으로 하는 시민법사회의 기본원리에 국가가 개입하여 형식적인 자유와 평등을 근간으로 하고 있는 시민법의 기본원리를 수정함으로써 실질적인 자유와 평등을 도모하고자 대두된 법 원리인 것이다.

사회법의 원리는 크게 공산주의와 수정자본주의로 대별된다. 수정자본주의는 자본주의의 근간인 사유재산제도와 시장경제질서를 그대로 인정하여 자본주의의 기본 골격을 유지하면서, 이의 수정 및 변형을 통해 자본주의의 모순을 극복하려는 제도이다. 이에 반하여 공산주의 제도는 사유재산제도와 시장경제질서를 부정하여 자본주의제도를 전면 폐지하면서, 국유재산제도와 계획경제를 도입하여 기존의 자본주의체계와는 전혀 다른 정치, 경제적 체제를 도입하는 제도이다.

공산주의는 소련동구중공 및 아시아아프리카 등의 일부 국가에서 채택되었으나, 이론적실제적 모순으로 인하여 대부분의 공산국가는 이를 포기하고

---

4) 헌법 제34조 ①모든 국민은 인간다운 생활을 할 권리를 가진다. ②국가는 사회보장 · 사회복지의 증진에 노력할 의무를 진다. ③국가는 여자의 복지와 권익의 향상을 위하여 노력하여야 한다. ④국가는 노인과 청소년의 복지향상을 위한 정책을 실시할 의무를 진다. ⑤신체장애자 및 질병 · 노령 기타의 사유로 생활능력이 없는 국민은 법률이 정하는 바에 의하여 국가의 보호를 받는다. ⑥국가는 재해를 예방하고 그 위험으로 부터 국민을 보호하기 위하여 노력하여야 한다.

수정자본주의로 전환되었으며, 현재는 북한쿠바 및 알바니아 등 극소수 국가에서만 유지되고 있다. 유럽의 일부국가 등에서 사회주의 국가라는 용어를 사용하고 있어 공산주의의 개념과 혼동을 가져오고 있다. 그러나 이러한 사회주의 국가는 모두 사유재산제도 및 시장경제질서를 그대로 인정한다는 점에서 수정자본주의제도의 일종이며, 다만 국가별로 시장경제에 어느 정도의 국가개입을 허용하는 지에 따라 개입 정도상의 차이만이 존재하고 있을 뿐이다[5].

(2) 사회보장법의 형성

① 시민법 시대

인간이 사는 사회에서는 빈곤, 장해·질병, 노령, 고아 및 사망 등의 생활문제가 필연적으로 발생하게 된다. 시민법 사회에서는 자유방임주의 및 개인주의 원칙에 따라 모든 생활문제를 자기책임 하에서 스스로 해결하는 것이 원칙이다. 따라서 생활능력이 없는 자가 인간다운 생활을 영위하거나 각종 장애, 질병, 노령 및 사망으로 보호를 받기 위해서는 개인이 생활능력을 갖추거나 개인보험에 가입하는 것이 원칙이다[6].

② 사회법 시대

자본주의가 점차 발전하는 과정에서 빈부의 차는 심해지고, 빈곤, 장해·질병, 노령, 고아 및 사망 등의 생활문제가 커다란 사회적 문제로 확대되었다. 이러한 문제는 개인의 무능력이나 책임에서만 기인하는 것이 아니라 시

5) 이상윤, 전게서, p 9.
6) 김유성, 한국 사회보장법론, 법문사, 2000, p 43.

장경제의 실패 등 국가의 제도적 모순과 지나친 개인주의에 입각한 사회공동체의 부정 등 사회적 구조에도 주요 원인이 있다는 사실이 발견되었다. 즉, 생활문제는 한 개인이 다른 개인에 비하여 불완전하기 때문에 발생하는 것이 아니라, 모든 개인이 인간이기 때문에 당연히 발생하는 것으로서 이에 대하여 국가 및 사회의 공동책임 하에 사회구성원이 연대하여 적극적인 대처 및 개입이 필요하다는 인식이 제기되었다.

종래의 시민법 시대에서는 사회보험 및 공공부조 제도가 국민에 대한 자선적, 은혜적 지원에 불과하였으나, 사회법 시대에서는 이러한 차원에서 벗어나, 국민의 법적권리로서 인정받기 시작한 시대라는 점에서 그 의미가 크다고 할 것이다. 또한, 시민법시대에는 빈곤, 장해 · 질병, 노령, 고아 및 사망 등의 생활문제에 직면한 지원대상자를 "인간으로서의 불완전한 개인"으로 전제하고, 이를 개인책임 하에 해결하는 것을 원칙으로 하였다. 그러나 사회법 시대에서는 이러한 생활문제가 "인간으로서 당연히 직면하는 문제"로서 지원대상자를 불완전한 존재가 아닌 일반적인 개인으로 파악하고 국가 및 사회의 공동책임을 인정하였다는 점에서도 의미를 갖고 있다.

(3) 복지국가의 형성

① 복지국가의 개념

복지국가의 개념은 국가, 시대 및 학자에 따라 다양하게 사용되고 있어 이를 명확하게 한마디로 정의하는 것은 불가능하다. 복지국가를 "모든 사람에게 고도의 물질적 조건을 확보하는 것을 목적으로 하는 국가" 또는 "사적 시장에서 제공되지 않는 특별서비스를 받을 수 있는 권리를 모든 국민에게 인정하는 국가"로 정의하는 견해도 있으나, 복지국가의 단편적 측면만 서술하고 있는 것으로 보인다[7].

이하에서는 복지국가를 헌법상의 생존권적 기본권의 실현을 국가의 가장 주요정책 목표 중의 하나로 책정하고 이를 실현하는 국가로 정의하고자 한다. 이를 분설하여 보면 다음과 같다.

② 복지국가의 형성과 발전

복지국가는 절대 빈곤층에 대한, 빈곤의 해소라는 정책적 목적으로 출발하였다. 또한 "가진 자"와 "못 가진 자"의 계급 간의 상대적 불평등을 해소하는 수정자본주의의 한 방법으로 채택되었다.

현재의 복지국가는 빈곤의 해소라는 기본적 차원을 넘어 모든 국민이 인간다운 생활을 누릴 수 있는 수준을 지원하는 것을 목적으로 발전하고 있다. 이 는 절대적 수준에서 인간다운 생활을 누리기에 부족한 계층에 대한 지원은 물론, 상대적 수준에서 보다 적은 것을 보유한 계층이 많은 것을 보유한 계층과 근접한 수준이 될 수 있도록 지원하는 것을 포함한다.

초기의 복지국가는 시장경제 질서의 태두리 안에서 시장경제의 방법을 통하여 복지정책을 수행하는데 국한되고 있다. 이에 반하여 최근의 복지국가는 시장경제 질서로서는 달성할 수 없는 부분에까지 시장경제 외의 방법을 채택하여 절대적 · 상대적 빈곤의 해소는 물론 모든 국민이 행복하고 인간다운 생활을 영위할 수 있는 다양한 복지 정책을 실시하고 있다. 이에 따라, 현대의 복지국가는 수정자본주의하에서 제도적 근간을 이루고 있는 시장경제 질서와 복지정책을 실현하기 위한 비 시장경제 질서간의 조화로운 정책적 선택이 주요 현 안으로 부상하고 있으며, 이는 궁극적으로 민주적 절차에 따라 국민이 선택하여야 할 것이다.

---

7) 김유성, 앞의 책, p 140.

3. 사회보장의 종류

(1) 지원 대상[8)]

사회보장제도는 지원 대상이 모든 국민인지 아니면 특정 대상인지의 여부에 따라 분류할 수 있다. 전자를 보편주의, 후자를 선별주의라 부르기도 한다. 최초의 사회보장제도는 근로자 및 생활무능력자 등의 특정 계층을 대상으로 발전하여 왔다. 산업혁명의 시기에 노동은 자본과 함께 생산의 양대 요소로서 이를 보호할 필요성이 제기되었고, 또한, 극심한 빈부격차에 따른 사회적 불만을 해소하기 위한 수단으로서 사회보장이 지원되었다. 실업보험 및 산업재해 보험 등이 대표적인 예이다. 한편, 절대적 빈곤 대상인 생활무능력자에 대한 급여지원을 통하여 개인주의에 바탕을 둔 시민법 사회의 완성을 도모함과 동시에 노동계급과 마찬가지로 빈부격차에 따른 사회적 불만을 완화하여 자본주의체 제를 유지하기 위한 방편으로서 사회보장이 지원되었다. 빈민구제를 위한 빈민구호법 등이 대표적 예이다.

특정 계층을 중심으로 제공된 사회보장제도는 점차 국민 전체를 대상으로 한 일반적이고 보편적인 제도로 발전하여 왔다. 국민건강 보험제도 및 국민연금 제도 등이 대표적 예이다. 이러한 발전은 사회보장제도가 국가의 특정 계층에 대한 은혜적 지원이라는 관념에서 탈피하여 국민의 당연한 권리라는 인식의 확산을 바탕으로 하고 있다.

---

8) 이상윤, 전게서, p 16.

(2) 보호대상[9)]

① 생활무능력자에 대한 보호

사회보장제도는 절대적 빈곤층인 생활 무능력자에 대한 지원 및 보호에서 시작되었으며, 현재도 공공부조라는 명칭으로 사회보장제도의 근간을 이루고 있다. 우리나라의 국민기초생활 보장법이 대표적 예이다.

② 사회적 위험에 대한 대처

사회적 위험이라 함은 질병, 노령, 사망, 실업 및 장애 등 특정 개인에 국한하여 발생하는 위험이 아니라, 모든 국민에게 인간으로서 당연히 발생하는 위험을 말한다. 사회적 위험에 대하여 개인이 각각 개별적으로 대처하는 것보다 모든 국민이 공동으로 대처하는 것이 그 효율성을 높일 수 있고, 사회적 위험은 개인책임이 아니라 국가 및 사회의 공동책임이라는 연대의식 하에 사회보험이라는 방식으로 사회보장 제도를 실시하고 있다. 국민연금제도, 국민건강보험 제도, 고용보험제도 및 산업재해보상 보험제도 등이 대표적 예이다.

③ 약자계층에 대한 보호

노인, 장애인 및 한 부모가정 등 일반인에 비하여 취약한 계층에 대하여는 별도의 사회보장 제도를 실시하고 있다. 노인, 장애인 및 한 부모가정에 대한 사회복지서비스의 제공 등이 대표적인 예이다. 취약계층이 비취약 계층으로 복귀 하거나, 비취약 계층과 동등한 수준의 생활을 영위할 수 있도록 교육, 재활 및 근로의 기회 등을 제공하고, 사회적 관심과 사랑을 주는 것을 주

---

9) 이상윤, 전게서, p 17.

요 지원내용 으로 하고 있다.

(3) 급여내용

① 금전적 급여

금전적 급여라 함은 사회보장의 급여의 형태로서 현금을 지급하는 것을 말한다. 금전적 급여는 수급자가 자신이 원하는 재화와 용역으로 자유로이 교환 할 수 있다는 장점이 있으나, 사회보장의 목적이 아닌, 타 용도로 남용될 수 있다는 단점이 있다. 생활 무능력자에 대한 생활급여로서 금전적 급여가 주로 제공되고 있다.

② 비금전적 급여

비금전적 급여라 함은 사회보장의 급여의 형태로서 현금이외의 재화 또는 서비스를 제공하는 것을 말한다. 비금전적 급여는 수급자에게 사회보장의 목적달성에 필요한 급여를 제공할 수 있다는 장점이 있으나, 수급자가 원하지 아니 하는 재화 또는 서비스가 제공될 수 있다는 단점이 있다. 현물급여의 경우 수급자가 수치심을 느껴 거부감을 가질 수도 있으므로 주의하여야 한다.

의료, 교육서비스 및 현물급여는 비금전적 급여의 대표적 형태이다. 이 외에도 현물급여, 현물교환 증서, 근로 및 사업기회의 우선제공, 사랑과 관심의 표시, 시설사용권, 편의시설의 제공, 이용료 및 관람료의 경감 등이 제공되고 있다.

⑷ 사회보장법과 관련법

① 사회보장법의 법적지위

사회보장법 · 노동법 및 경제법은 모두 시민법 원리의 모순점을 극복하고자 대두된 사회법의 한 분야를 구성한다는 점에서 공통점을 갖고 있으나, 그 규제의 대상 · 방법 및 법적 근거에서는 각기 독자성을 갖고 있다. 우리나라의 경우 사회보장법은 헌법 제34조, 노동법은 헌법 제32조 및 제33조를, 경제법은 헌법 제119조를 각각 법적 근거로 하고 있다.

② 사회보장법과 사회복지법

사회보장법은"사회보장"에 관한 법이다. 사회보장 이외에도"사회복지"라는 개념이 빈번히 사용되고 있으므로 사회보장법의 개념을 파악하기 위해서는 사회보장과 사회복지의 관계를 분석하는 것이 필요하다. 헌법 제34조 제2항은 "국가는 사회보장 · 사회복지의 증진에 노력할 의무를 진다"라고 규정하여 사회보장 및 사회복지를 병렬적으로 열거하여 양자의 개념 및 관계가 의문시되고 있다. 한편, 헌법 제34조 제3항은 "여성의 복지", 제4항은 "노인과 청소년의 복지"라는 표현을 별도로 사용하고 있어 사회복지의 개념을 명확히 규정할 필요가 있다.

③ 사회보장법과 노동법

사회보장법과 노동법은 사회법의 한 부분을 구성한다는 점에서 동질성을 갖고 있다. 그러나 노동법은 근로자와 사용자의 노사관계를 규율함에 반하여, 사회보장법은 사회구성원인 일반국민에 대한 국가 · 사회의 사회복지를 규율대상으로 하는 점에서 양자는 구별된다고 할 것이다. 노동법이 근로의 능력과 의사가 있는 근로자를 보호함에 반하여, 사회보장법은 근로의 능력이 없는 국민을 보호한다는 점을 노동법과 사회보장법의 근본적인 차이로 지적하는 견해도 있으나, 이는 타당하지 아니하다. 사회보장법 중 사회보험법과 사회복지 서비스법은 근로능력의 유무를 전제로 하지 아니하고 그 혜택이 부여되는 것이 일반적이기 때문이다[10].

사회보장법이 근로자를 대상으로 하는 실업보험법에서 출발되었다는 점을 이유로 사회보장법을 노동법의 한 분야로 보는 견해도 있으나, 사회보장법은 이러한 노동보험법을 포괄하고 있는 보다 광범위한 개념의 법 분야이다. 물론 산업재해보상 보험법 및 고용보험법 등이 근로자를 대상으로 적용된다는 측면을 강조하는 경우에는 노동법의 영역에, 사회 보험적 측면을 강조하는 경우에는 사회보장법의 영역에 속하기 때문에 노동법과 사회보장법이 교차 중복되는 법 영역으로 볼 수도 있을 것이다. 그러나 이러한 이유로 노동법과 사회보장법이 상호 독자적인 법체계를 갖고 있다는 점을 부인할 수는 없을 것이며, 사회보장법에 있어서의 근로관계라는 요소는 사회보장의 구조에 간접적으로 반영될 뿐이다.

④ 사회보장법과 경제법

사회보장법과 경제법은 사회법의 한 부분을 구성한다는 점에서 동질성을 갖고 있다. 그러나 사회보장법은 인간다운 생활을 할 권리를 사회 정책적 측면 에서 규율함에 반하여, 경제법은 경제 분야를 경제 정책적 측면에서 규율한다는 점에서 양자는 구별된다고 할 것이다.

10) 이상윤, 전게서, p 53.

4. 사회보장의 기능

(1) 정치적 기능

사회보장의 충실한 진전은 오늘날의 사회에 있어서 국민의 강력 한 요청 중의 하나이다. 만약 사회보장의 충실화 없이 자본주의 경제가 진행된다면 개개인의 국민생활은 위태롭게 되어 도저히 안정된 생활을 유지할 수가 없게 될 것이다. 그런 곳에서는 국민생활의 혼란이 나타나고 사회의 존립근거가 흔들리게 되는 커다란 사회적 · 정치적 문제를 불러일으키게 될 것이 분명하다. 노인문제를 한 예로 들 어 보자. 개개의 국민은 생활의 압박, 불안정, 궁핍 등으로 인하여 자기 스스로 노후에 대한 충분한 준비를 할 여유가 없다. 따라서 노령에 접어들면 노동능력의 상실과 함께 노인은 곧바로 생활의 곤궁에 직면하게 되고, 노인을 부양할 후세대들도 자신의 생활유지에 쫓기게 되므로 부양할 여력이 없는 것이 일반적인 경향이다. 이러한 경향은 특히 고령 사회화와 핵가족화에 의하여 더욱 심화될 것이므로, 이 문체에 대한 국가적 보장은 노인의 사활에 관련된 극히 중요한 정치적 과제가 아닐 수 없다.

이러한 노인문제는 극히 한 예에 지나지 않지만, 여하튼 국민의 생활보장 요청에 응하여 사회보장을 충실하게 추진하는 것은 오늘의 사회에 있어서 정치적 안정을 위한 중요한 안전판이 되고 있다. 그러므로 경제발전에 대응하는 사회보장의 정비가 행하여지지 않으면 오늘날의 정치적 안정은 기대할 수가 없다. 이러한 의미에서 사회보장은 국가의 정치적 안정에 중대한 기능을 수행한다는 것이 분명해 진다. 자본주의 국가에 있어서 사회보장이 그 체제유지에 커다란 공헌을 하고 있음은 바로 이 때문이다. 자본주의 국가의 사회보장은 자본주의체제의 폐기를 목적으로 하는 것이 아니라, 어디까지나 자본주의체제를 전제로 하면서 거기에서 드러난 모순의 하나인 국민의 생활위기를 해결하려는 정치안정의 성격과 기능을 담당하고 있는 것이다[11].

(2) 경제적 기능

사회보장법은 헌법 제34조를 근거규정으로 하여 국가의 책임 아래 국민의 생활보장을 행하는 것이지만, 그것을 경제적으로 살펴보면 국민간의 소득재분배 기능을 수행한다고 말할 수 있다. 예를 들면 공공 부조법은 과세 최저한 이상의 소득 을 취득한 자로부터 받은 세금에서 어느 정도의 공비(公費)를 최저생활 유지 불능자에 대하여 지급하고 있다. 이와 같은 소득재분배적 기능은 사 보험과 같은 시민 간의 구제수단에는 일반적으로 찾아 볼 수가 없는 것이다. 사 보험에서는 각출과 급여(보험금)간에 엄격한 대응관계(급여와 반대급여의 균등원칙)가 지켜지기 때문이다. 소득재분배 구조는 사회보장에서 극히 중요한 특정이지만, 이를 다른 측면에서 보면 사회보장이 사회연대 관계를 기초로 하고 있음이 분명해진다. 즉 일정한 생활위기에 직면한 자에 대하여, 사회가 연대하여 상대적으로 생활의 여유가 있는 사람의 자금에 의하여 구제하는 방식을 취하고 있다. 이것은 사회보장의 단순한 특징이라기보다는 본질적인 것으로 볼 수 있다[12].

(3) 사회적 기능

사회보장이 오늘날처럼 거대화된 단계에서는 여러 가지 형태의 사회적 · 경제적 작용을 하게 된다. 예를 들면 노령 · 장해연금 등의 존재는 그것의 수

---

11) 김유성, 전게서, p 123.
12) 김유성, 전게서, p 123.

급자가 노동시장에 남아 있는 것을 억제하게 되고, 또한 사용자의 사회보장비 각출의 증가는 고용근로자의 수를 감축하는 경향으로 나타나는 등 사회보장의 고용에 대한 영향도 지적되고 있다. 이 밖에 중요한 것으로서 일반국민의 생활수준에 영향이 있다는 것도 간과하여서는 안 될 것이다.

사회보장 급여수준이 높아지면 그 수급자의 생활수준도 그만큼 상승하게 되고, 수급자의 수가 많은 경우에는 국민의 평균적 생활수준 전체의 향상에 적지 않게 기여하게 되는 것은 당연하다· 또한 사회보장 급여수준은 그 수급자 이외의 국민의 임금 및 소득수준에도 영향력을 미친다. 일반적으로 사회보장 급여수준은, 특히 공공부조 기준(생활보호 기준)의 경우처럼, 그 시점에서의 일반적 임금수준 혹은 임금금액을 전제로 하여 결정되는 것이 많다. 그러나 퇴직연금의 수급권자인 노인의 고용은 그 노인의 퇴직연금액을 상회하는 임금액으로 할 필요가 있고 또한 일반적으로 공공부조 기준 이하의 임금으로서는 근로자를 고용하기는 곤란할 것이다. 실업보험 급여 수급중의 근로자의 고용에 있어서도 마찬가지의 논리를 적용할 수 있다. 최저임금액도 그 시점에서의 공공부조 기준을 암암리에 전제로 하여 결정되는 측면이 전적으로 없다고는 할 수 없다.

이처럼 사회보장 급여수준과 일반의 임금수준과는 상호 규정적 관계를 가지므로 전자는 후자에 대하여 어떠한 형태로든지 영향을 미치게 된다고 말할 수 있다. 이와 같은 사회보장의 일반생활 수준 규정적 기능에 비추어 볼 때, 공공부조 기준은 단순히 피보호자뿐만 아니라 전 국민의 최저임금(소득) 수준을 규정하는 영향력이 있고 그 의의는 대단히 큰 것이다[13].

13) 김유성, 전게서, p 125.

제2절 권리로서의 사회보장

1. 인간다운 생활을 할 권리

헌법 제34조 제1항은 「모든 국민은 인간다운 생활을 할 권리를 가진다.」라고 규정함으로써 생존권의 이념과 근거를 제시하고 있다. 즉 인간다운 생활을 할 권리가 생존권의 핵심이 된다. 이러한 국민의 인간다운 생활을 할 권리를 구체적으로 보장하기 위한 권리가 사회보장을 받을 권리이다. 헌법 제34조 제2항에서는 「국가는 사회보장 · 사회복지의 증진에 노력할 의무를 진다.」 고 규정함으로써 사회보장에 대한 국가의 의무를 부과하고 있다.

생존권 중에서도 인간다운 생활을 할 권리는 가장 근원이 되는 기본적인 권리이고, 사회보장을 받을 권리는 인간다운 생활을 보장하기 위한 구체적 수단이 되는 권리이다. 즉 사회보장을 받을 권리는 인다운 생활을 할 권리에서 파생된 권리이며, 그것은 동시에 인간다운 생활을 할 권리를 구체적으로 보장하는 권리라 하겠다.

(1) 권리설

추상적 권리설에 의하면 인간다운 생활을 할 권리는 국가가 그 권리를 보장하기 위하여 구체적인 법령을 제정하는 경우에만 국민이 동 법률에 근거하여 그 권리를 요구할 수 있는 추상적 성질의 권리라고 한다.

이러한 견해에 따르면, 사회보장에 관한 헌법적 기본권이 직접 사회보장 급부를 내용으로 하는 구체적인 권리를 발생케 한다고는 볼 수 없으며, 이러한 구체적 권리는 국가가 재정형편 등 여러 가지 상황 등을 종합적으로 감안하여 법률을 통하여 구체화 할 때에 비로소 인정되는 법률적 권리라고 한다[14]. 헌법상 인간다운 생활을 할 권리는 이러한 법률의 제정 및 해석에 있어서의 지침을 제공하고 있다고 한다. 우리나라 헌법재판소 판결도 추상적 권리설에 입각하고 있다.

관련사례

헌재 2004. 10. 28, 2002헌마328

"인간다운 생활"이란 그 자체가 추상적이고 상대적인 개념으로서 그 나라의 문화적 발달, 역사적 · 사회적 · 경제적 여건에 따라 어느 정도는 달라질 수 있는 것이고, "최소한도의 조치" 역시 국민의 사회의식의 변화, 사회 · 경제적 상황의 변화에 따라 가변적인 것이므로 국가가 인간다운 생활을 보장하기 위한 생계급여의 수준을 구체적으로 결정함에 있어서는 국민전체의 소득수준과 생활수준, 국가의 재정규모와 정책, 국민 각 계층의 상충되는 이해관계 등 복잡 다양한 요소 등을 고려하여야 한다.

(2) 프로그램적 규정설

프로그램적 규정설(또는 방침규정설)에 의하면 헌법상 인간다운 생활을 할 권리는 법적 전제가 아니며, 국가의 입법 또는 정책 방향을 제시하고 있는 것에 불과하다고 한다.

이싱윤 교수는 "인간다운 생활을 할 권리는 단순한 방침규정이 아니라 법

14) 허영, 한국헌법론, 박영사, 2007, p 519 재인용.

적권리로서의 성질을 갖는다. 인간다운 생활을 할 권리를 법적 권리로 파악하는 경우에도 이는 추상적 권리로 보아야 할 것이다. 인간다운 생활을 할 권리의 내용은 현실적으로 입법이 없이는 그 실현이 거의 불가능한 권리이기 때문이다[15].

(3) 생존권의 내용[16]

① 인간다운 생활을 할 권리

모든 국민은 인간다운 생활을 할 권리를 지닌다(헌법 제34조 제1항). 인간다운 생활이라 함은 헌법 제10조의 인간의 존엄성·가치 및 행복추구권을 달성하기 위한 인간으로서 향유하여야 할 최소한의 물질적·육체적·정신적인 생활수준을 의미한다. 과연 어느 정도의 생활수준이 "인간다운 생활"인지의 여부는 국가의 정치·경제·사회·문화 여건에 비추어 구체적·개별적으로 판단 되어야한다.

② 국가의 사회보장 · 사회복지의 증진 노력의무

국가는 사회보장·사회복지의 증진에 노력할 의무를 진다(헌법 제33조 제2항). 동 조항은 국민의 인간다운 생활을 구현하기 위한 구체적인 수단으로 사회보장 및 사회복지의 증진을 제시하고 있는 규정으로서 사회보장법 또는 사회복지법의 헌법상 근거규정이다. 사회보장 및 사회복지를 병렬적으로 나열함으로써 양자의 개념 및 범위에 관하여 상이한 견해가 제시될 수 있다.

15) 이상윤, 전게서, p 68.
16) 헌법 제34조 제1항~6항.

③ 여자의 복지 및 권익향상 노력의무

국가는 여자의 복지와 권익의 향상을 위하여 노력하여야 한다(헌법 제34조 제3항). 여성이 헌법상 보호를 받아야 하는 이유는 ㈎ 여성의 신체적·생리적 열악함, ㈏ 여성에 대한 기회균등의 보장, ㈐ 여성에 대한 모성의 보호 등을 근거로 하고 있다.

④ 노인과 청소년의 복지향상 정책실시 의무

국가는 노인과 청소년의 복지향상을 위한 정책을 실시할 의무를 진다(헌법 제34조 제4항). 노인은 정신적, 신체적으로 약자이고 근로의 기회가 상실되어 소득원이 부족하므로 국가의 보호를 받아야 한다. 한편, 청소년은 정신적·신체적으로 발육상태에 있으며 아직 취업의 기회가 충분히 보장되어 있지 않아 생활 및 교육을 위한 국가의 보호가 필요하다.

⑤ 생활능력이 없는 국민에 대한 보호

신체장애자 및 질병·노령 기타의 사유로 생활능력이 없는 국민은 법률이 정하는 바에 의하여 국가의 보호를 받는다(헌법 제34조 제6항). 동조 동항에서는 생활능력이 없는 국민에 대한 보호를 규정하고 있는 바, 그 대상으로서 신체장애, 질병, 노령 및 기타의 사유를 들고 있다.

⑷ 권리의 주체[17)]

인간다운 생활을 할 권리는 모든 국민이 보유한다. 다만, 권리의 성질상 법인은 향유할 수 없으며, 자연인만이 주체가 될 수 있다.

---

17) 小川政亮, 人権としての社会保障, 小川政亮著作集編集委員会, 2007, p 5.

인간다운 생활을 할 권리는 "인간"의 권리이므로 내국인은 물론 외국인도 권리의 주체가 될 수 있다. 그러나 인간다운 생활을 할 권리 중에서도 사회보장 수급권은 한 국가의 사회 정책적 권리이기 때문에 내국인만이 권리의 주체가 되는 것이 원칙이다. 외국인은 관련법령이 별도로 정하는 바에 따라 제한적으로 사회보장 수급권을 행사할 수 있다.

2. 권리와 반사적 이익[18)]

(1) 권리

우리의 사회복지 관계법 규정에서는 사회복지시설의 설치나 운영에 관한 기준을 규정하고 있다(아동복지법 제21조 및 제22조, 모자복지 시행규칙 제10조 등). 이 규정에 의하여 시설 입소자는 일정의 서비스를 받을 수 있게 된다. 이때에 사회복지시설의 서비스를 받을 수 있는 것은 시설입소자의 권리인지, 아니면 법 규정이 복지시설에 대하여 부과시킨 반사적 이익인지, 가 문제로 될 수 있다. 우리 법 규정과 관련된 사례는 아직 찾아 볼 수 없지만, 일본의 경우는 이 문제에 대하여 법원판례가 권리인가 또는 반사적 이익인가에 대하여 각기 다른 의견을 제시하고 있다.

즉 전자의 경우 "원고 보육소 입소아동은 보육원의 실외 놀이터의 일부에 노인휴게실을 건설하려는 해당관청의 조치에 대하여 아동복지 시설기준에 위반한다고 하여 피고 해당관청을 상대로 공사착공금지 가처분 신청을 한 사건[19)]에서 원고들의 공사착공 금지신청을 인정" 했다. 이 사건에서 고베지

18) 小川政亮, 전게서, p 13~26 참조.

19) 日本 本山保育所事件(神戸地方載判所, 1973.2.28.), 日本判例時報707号, 86頁.

방재판소(神戶 地方載判所)는 "아동복지법이 복지시설에 대하여 보건복지부 장관의 기준의 정립을 의무화 시킨 것은 일본헌법 제25조(생존권보장 규정) 및 일본 아동복지법 제1조(아동복지 정의)의 취지에 비추어 아동이 적정한 시설에서 보호 양육될 것을 담보로 하는 목적이다. 결론적으로 본 건에서 아동이 보육원에 입소되고 그 속에서 보호가 개시된 이상, 해당 아동들에 대한 적정한 보호를 하는데 충분하다고 인정되어 설정한 보호기준에 의하여 보호를 받을 권리가 있다."고 했다.

(2) 반사적 이익

고소인 아동보호자 A는 자녀의 보육원 입소신청에 있어서 피고소인 오오히라 시장(小平市長)B가 일본 아동복지법 제24조(유아보육)에 의해 아동의 입소조치를 취하지 않으므로 인하여 받은 손해(보육비용의 부담증가)에 대하여 배상할 것을 요구한 사건이다[20].

동경 고등법원은 "B의 위와 같은 직무태만에 의해 A가 보육비용의 전액을 부담할 수밖에 없었다고 하여도, 본 사건의 태만이 A의 재산적 법익을 침해한 것으로는 될 수 없고 …중략… 설령 본 사건과 반대로 입소조치가 취하여져서 A가 보육비용의 일부를 면제받게 되어도 그것은 위 조치에 동반되는 반사적 이익에 지나지 않는다."고 판시했다.

위 두 사건을 살펴보면, (1)에서의 판례는 사회복지법령이 규정하는 수준의 서비스를 시설 입소자에 보장하기 위해 존재하는 것으로 법원이 권리성을 인정한 반면, (2)에서의 판례에서는 소정의 조치를 취하여야 할 의무를 태만

20) 淸水訴訟事件(東京高等裁判所,1989.3.28. 判決), 日本東京民事判例集40卷, 1~4号, 31頁.

한 결과 보육비용의 부담증가가 발생하여도 그것에 대하여 손해배상 의무를 지는 것이 아니라고 하여 법원이 반사적 이익론을 적용했다.

이와 같이 사회복지 시설의 설치, 운영에 대하여 판결은 개개의 급부마다 다르게 나타날 수 있어 법조문상의 기준이 일률적으로 적용된다고는 말할 수 없고 각각의 사건마다 종합적・개별적 판단이 요구되고 있다.

3. 권리와 행정재량[21]

(1) 사회보장 기본권

사회보장법상의 국민의 권리는 국민이 행정청에 대하여 일정의 급부를 청구하는 권리라는 것은 앞에서 언급한 바 있다. 이 경우 행정청에 재량이 인정되는가에 따라서 권리의 실질이 변하게 된다. 즉, 어떠한 경우에 누구에게 얼마만큼의 급부를 행할 것인가에 대하여 행정청에 광범위한 재량이 인정되어진다면, 청구권이라고는 하지만 신청에 의하여 반사적으로 주어지는 권리에 가깝게 될 것이다.

그러므로 행정재량의 범위를 획정한다는 것은 권리의 문제를 신중히 고려한 후, 행하여야 할 것이다.

일본 최고재판소는 「어떤 것이 건강하고 문화적인 최저한도의 생활인가에 대하여서는 행정청의 전문적인 재량에 맡겨져 있다」 고 판시했다[22]. 판단의 정당성은 법의 취지, 목적을 일탈하지 않는 한 정당・부당의 문제에 지나지 않는 것으로 판단한 것이다. 전술한 사건 판단에서도 보호기준 설정행위를

21) 小川政亮,, 전게서, p 26~36 참고.

22) 朝日訴訟事件(最高裁判所, 1967.5.24.), 民事判例集21巻 5号, 1043頁.

귀속재량행위로 해석하면서 고도의 전문 기술적인 행정행위에 관한 판단에 있어서 최고재판소는 행정청의 재량권을 존중하여 사법심사를 회피하고 있다.

(1) 요건재량과 행위재량[23)]

행정재량을 요건재량과 행위재량으로 구분하는데 요건재량은 법률요건의 해석 또는 법률요건에 적합한지에 대한 재량이고, 행위재량은 행정처분을 행할 것인가의 재량이다. 사회보장법에 있어서 일반적으로 이와 같은 행위재량은 인정되지 않고 법률이 정하는 요건을 충족하는 경우에 급부를 행하지 않으면 안 된다. 그럼에도 불구하고 앞의 사례에서 최고재판소는 심사권을 행정청의 재량에 맡기고 있는 것을 볼 수가 있었다.

우리가 흔히 볼 수 있는 사회보장법 규정(사회복지 관련법 등)에서 …할 수 있다고 하는 권한부여 규정을 많이 볼 수 있는데(예를 들면, 노인복지법 제8조, 제9조, 아동복지법 제제15조, 제19조 등) 이것은 행정청에 행위재량을 인정하고 있는 것으로 해석할 수 있다. 또한 …하여야 한다, 고 하는 의무규정에 있어서 「필요에 따라서」 라고 하는 문언이 붙어있는 경우가 있다(예를 들면, 아동복지법 제11조, 노인복지법 제11조2항 등). 이 경우에도 행정청의 필요성의 판단에 대하여 재량권을 주고 있는 것으로 해석할 수 있다[24)].

23) 小川政亮, 전게서, p 54~69 참고.
24) 일본의 아동복지법 제26조, 노인복지법 제11조 규정참조.

제3절 사회보장법의 변천[25)26)]

1. 헌법제정 전

(1) 일제하의 사회보장법

1937년에 r모자보호법」 및 「군사부조법」 이, 1941년에 「의료보호법」 이 제정 되었으며 1938년에는 국민체력 향상과 국민복지 증진을 위한 후생성이 신설되었다. 1944년에 「조선 구호령」 을 실시하여 ① 65세 이상의 노약자, 13세 이하의 유아, 임산부, 질병, 상병, 심신장애로 인하여 노동에 지장이 있는 자를 대상으로, ② 생활부조, 의료부조, 조산부조 및 생업부조 등 4가지의 급여가 지급되었다. 동 제도는 진정한 의미의 사회보장 이라기보다는 식민지 정책의 일환으로 서 정치적 안정을 도모하기 위한 것이다.

(2) 미군정시대

미군정 하의 사회보장 입법은 식민통치로 인한 정치·경제·사회·문화적 혼란과 갈등의 시대적 배경 하에서 군중 및 기아를 해결하기 위한 구호적이고 응급적인 성격을 갖는다. 주요 구호정책으로서는 후생국보 제3호

25) 전광석, 한국 사회보장법론, 집현재, 2012, p 173~210 참조.
26) 이상윤, 전게서, p 26~36 참조.

(1946.1.12), 후생국보 제3A호(1946.1.14.) 및 후생국보 제3C호(1946.2.7)가 있으며, 구체적인 내용 은 조선 구호령과 유사하다.

한편, 1946년에 「아동노동 법규」를 제정하여 아동의 노동을 보호하였고, 1947년에 「미성년자 노동보호법」을 제정하여 미성년자를 유해 · 위험작업 또는 과중한 노동으로 부터 보호하였다.

2. 군사정권하의 사회보장법

(1) 제3~4공화국

5.16 군사혁명으로 탄생한 제3공화국은 우리나라 사회보장법의 태동시기로서 군사정권은 국민의 지지를 얻는 한편, 당시 사회보장 제도를 강화하는 국제사회의 분위기를 반영하여 사회보장 제도를 대폭 도입하였다. 1942년에 영국에서 비버리비 보고서가 제출되면서 세계 각국의 사회보장제도의 확대에 커다란 영향을 미쳤고, 또한 1952년 국제노동기구(ILO에서 "사회보장의 최저기준에 관한 협약" 제102호 협약)을 채택하는 등 사회보장 제도에 관한 관심이 세계 각 국에서 제고되었다. 우리나라도 이러한 영향을 받아 우선 1963년에 헌법을 개정하여 헌법 제30조에 "① 모든 국민은 인간다운 생활을 할 권리를 가진다. ② 국가는 사회보장의 증진에 노력하여야 한다. ③ 생활능력이 없는 국민은 법률이 정하는 바에 의하여 국가의 보호를 받는다. 고 규정하였다. 동 헌법은 국민의 인간다운 생활을 할 권리를 생존권적 기본권으로 천명하고, 사회보장이라는 기본개념을 헌법에 도입하였으며, 보호요건에서 "근로능력이 없을 것"을 삭제하여 보호대상을 넓히고 있다.

1963년에 사회보장법의 기본법인 「사회보장에 관한 법률」이 제정되어 사회보장법의 기본적인 체계를 구축하였다. 사회보장에 관한 법률은 사회보장제도를 크게 사회보험과 공공부조로 이분화하고 있었다. 한편, 1980년에 헌법을 개정하여 제32조제2항을 “국가는 사회보장 · 사회복지의 증진에 노력할 의무를 진다”라고 규정하였다. 동 조항은 종전 헌법의 국가의 “사회보장 증진의무”를 “사회보장. 사회복지의 증진의무”로 확대한 것이다.

(2) 제4~5공화국

1988년에 헌법이 개정되어 제34조는 “① 모든 국민은 인간다운 생활을 할 권리를 가진다. ② 국가는 사회보장 · 사회복지의 증진에 노력할 의무를 진다. ③ 국가는 여자의 복지와 권익의 향상을 위하여 노력하여야 한다. ④ 국가는 노인과 청소년의 복지향상을 위한 정책을 실시할 의무를 진다. ⑤ 신체장애자 및 질병 · 노령 기타의 사유로 생활능력이 없는 국민은 법률이 정하는 바에 의하여 국가의 보호를 받는다. ⑥ 국가는 재해를 예방하고 그 위험으로부터 국민을 보호하기 위하여 노력하여야 한다."라고 규정하여 현행 사회보장제도의 헌법상 기본원리를 제시하고 있다. 제4공화국 시대는 아동·노인·장애인 등 특정 취약계층에 대한 보호가 사회적 관심사로 대두되면서 사회복지서비스업 분야가 강화되고 있다. 그러나 공공부조 측면에서 관련법령의 제정이 거의 이루어지지 않았다.

3. 문민정부 이후

(1) 사회보험법

1993년에 「고용보험법」이 제정되어 실업자에 대한 실업급여 제도가 도입되었으며, 고용안정 및 고용촉진 등을 위한 급여가 보장되었다. 동 고용보험법의 제정으로 인하여 1963년의 산업재해 보상보험법, 1976년의 의료보험법 및 1986년의 국민연금법과 함께 4대보험의 기본골격을 갖추게 되었다. 1999년에 「국민건강보험법」이 제정되어 종전의 「의료보험법」을 대체하였다. 국민건강 보험법은 종전의 의료보험 제도가 가진 문제점을 해결함과 동시에 건강진단 · 재활 및 예방까지 급여대상에 포함시키는 등 광범위하고 포괄적인 의료보험 체제를 도입하였다. 2010년에 「노인 장기요양 보험법」이 제정되어 6개월 이상동안 혼자서 일상생활을 수행하기 어렵다고 인정되는 자에게 신체활동 · 가사활동의 지원 또는 간병 등의 서비스나 이에 갈음하여 지급하는 현금 등을 지급하게 되었다.

(2) 공공 부조법

1999년에 「국민기초생활보장법」을 제정하여 기존의 「생활보호법」을 대체하였다. 국민기초생활 보장법은 ① 보호대상자를 소득인정 액을 기준으로 선정하고, ② 근로능력이 있는 자에 대하여는 자활관련사업과 연계하는 조건으로 급여를 지급하며, ③ 주거에 대한 수요를 반영하여 급여를 지급하도록 하고 있다. 국민기초생활 보장법은 공공부조분야에 있어서의 체계적이고 획기적인 개선을 의미한다.

2001년에는 「의료급여법」 이 제정되어 종전의 「의료보호법」 을 대체하였다. 2007년에는 「기초노령연금법」 이 제정되어 생활이 어려운 노인에게 연금을 지급하고 있다. 2010년에는 「장애인연금법」 이 제정되어 정도가 심한 장애인에게 연금을 지급하고 있다. 2011년에는 「긴급복지지원법」 이 제정되어 생계곤란 등의 위기상황에 처하여 도움이 필요한 사람을 신속하게 지원하고 있다.

(3) 사회복지 서비스법

1997년에 「청소년보호법」 이 제정되었다. 또한 1997년에 사회복지공동모금법이 제정되었는바, 동 법은 사회복지 사업을 지원하기 위한 국민의 자발적인 성금 등의 재원을 효과적으로 관리 · 운용하기 위한 법이다.

1997년에 「장애인·노인·임산부 등의 편의증진 보장에 관한 법률」 이 제정되어 장애인·노인·임산부 등에 대한 편의시설을 제공하고 있다. 2002년에 「모·부자 복지법」 이 제정되어 종전의 "모자복지법"을 대체하였으며, 2007년에 「한 부모 가족 지원법」 이 제정되어 모·부자 복지법을 대체하게 되었다. 2004년에는 「청소년복지 지원법」 이 제정되어 청소년 기본법에 따라 청소년복지 증진을 규정하였고, 동년에 「건강가족기본법」 을 제정하여, 건강한 가정생활의 영위와 가족의 유지, 발전 및 가정문제의 적절한 해결방안을 강구하며 가족구성원의 복지증진에 이바지할 수 있는 지원정책을 강화하였다.

2007년에는 「가족친화, 사회 환경의 조성 촉진에 관한 법률」 이 제정되어, 일과 가정생활을 조화롭게 병행할 수 있고, 아동양육 및 가족부양 등에 대한 책임을 사회적으로 분담할 수 있는 제반 가족친화 사회 환경의 조성을 촉진하고 있다. 2007년에 「군인복지기본법」 을 제정하여, 군인의 생활안정과 삶의 질 향상을 도모하기 위하여 군인에 대한 복지정책의 수립 및 복지사업의 수행을 지원하고 있다. 2008년에는 「다문화 가족지원법」 이 제정되어 국제결혼을 한 가정의 행복을 위한 지원을 하고 있다. 2011년에 「장애인활동 지원에 관한 법률」 을 제정하여 신체적 · 정신적 장애 등의 사유로 혼자서 일상생활과 사회생활하기 어려운 장애인에게 제공하는 활동지원급여를 지원하고 있다. 2011년에 「노숙인 등의 복지 및 자립지원에 관한 법률」 이 제정되어, 노숙인 등의 재활 및 자립을 위한 기반을 조성하여 이들의 사회복귀와 복지증진을 지원하고 있다. 2011년에 「장애아동 복지지원법」 을 제정하여 장애아동이 안정된 가정생활 속에서 건강하게 성장하고 사회에 활발하게 참여할 수 있도록 하고 있다.

4. 사회보장의 국제화

(1) ILO의 주요협약

1916년 베르사유 평화조약(제19편)으로 성립한 ILO는 노동기준 및 사회보장 기준에 관한 협약이나 권고를 채택함으로써 근로조건 및 사회보장의 국제적 기준을 설정하는 것이 주된 임무이다[27].

ILO는 사회보장과 관련된 다수의 협약 및 권고를 채택하여 왔다. 창립 때부터 제2차 세계대전까지는 주로 사회보험에 관한 기준을 채택하였으나, 제2차 세계대전 이후에는 사회보장제도 전반에 걸친 포괄적인 접근방법을 보여주고 있다.

---

27) 이상윤, 전게서, p 35.

ILO가 채택한 사회보장 관련 주요협약은 다음과 같다. 1952년에 채택된 「사회보장최저 기준에 관한 협약」(제102호)은 ILO협약 중 에서 사회보장에 관한 광범위하고 포괄적인 내용을 채택하고 있다. 동 협약은 적용범위, 급여의 종류 · 수준, 비용부담, 기여자 및 수급자의 권리보호 및 행정운영 지침 등 사회보장의 최저수준을 제시하고 있다. ILO는 동 협약 채택 이전에 주로 사회보험을 강조하였으나, 동 협약을 채택하여 공공부조 등 다양한 사회보장의 접근방식을 인정하고 있다.

동 협약은 사회보장의 급여를 9개로 나누어 의료급여(제2부), 질병급여(제3부), 실업급여(제4부), 노령급여(제5부), 산업재해급여(제6부), 가족급여(제7부), 출산급여(제8부), 폐질급여(제9부) 및 유족급여(제10부)를 규정하고 있다. 동 협약을 비준하기 위하여 회원국은 9개 중 최소한 3개의 급여를 채택하여야 하며 3개중에 실업급여, 노령급여, 산업재해급여, 장애급여 및 유족급여 중의 하나가 반드시 포함되어야 한다.

(2) UN의 인권선언

① 세계인권 선언

세계 인권선언의 규정 중에는 모든 인간의 사회보장을 받을 권리를 천명하고 있으며, 또한 인간다운 생활을 할 권리를 선언하고 있다. 동 선언 제22조는 "모든 인간은 사회의 일원으로서 사회보장을 받을 권리를 갖고, 또한 국가적 노력과 국제적 협력을 통하여, 그리고 또 각국의 조직 및 재원에 맞추어 자신의 존엄과 자유로운 인격의 발전을 실현시킬 수 있는 경제적 · 사회적 · 문화적 권리를 향유한다." 고 규정하고 있다. 또한 제25조는 "모든 인간은 의식주, 의료 및 필요한 사회복리 시설을 포함하여 자신 및 가족의 건강과 복지를 유지함에 충분한 생활수준을 보유할 권리를 가지며, 또한 실업·불구·질병·배우자상실·노령 또는 불가항력적인 생활불능의 경우에 생활보장을 받을 권리를 갖는다."고 규정하고 있다. 세계인권 선언은 인간의 자유권 및 생존권, 기본권의 보호에 관한 세계 최초의 포괄적인 선언으로서 중요한 의미를 갖고 있으나 법적 구속력을 가지는 것 은 아니다.

② 국제인권 규약

국제인권규약은 ㈎ 경제적·사회적·문화적 권리에 관한 규약(A규약), ㈏ 시민적·정치적 권리에 관한 규약(B규약) 및 ㈐ B규약의 부속선택 의정서로 규정되어 있다. 동 국제인권 규약은 상기 세계 인권선언과 달리 법적 구속력을 갖는다.

A규약은 생존권적 기본권을 중심으로 근로기본권·사회 보장권 및 교육권 등을 규정하고 있으며 1976년 1월에 발표되었다. B규약은 자유권적 기본권을 중심으로 시민적·정치적 권리 등을 규정하고 있으며 1976년 3월에 발표되었다. B규약에는 사회보장에 관한 규정이 상당수 포함되어 있다. B규약 6조에서 제8조까지는 근로에 관한 권리를 규정하고 있다. B규약 제9조는 소득보장과 의료보장에 관한 사회보장 권리를 규정하고 있고, B규약 제10조는 가정복지, 아동·부인 및 근로여성 등의 사회보장에 관하여 규정하고 있다. 우리나라는 1990년 4월, A·B규약에 가입하여 체결 당사국이 되었다[28].

28) 이상윤, 전게서, p 41.

(3) 외국인 균등 대우

1962년에 채택된 사회보장에 있어서 내·외국인 균등대우에 관한 협약(제118호)은 사회보장에 있어 국민과 외국인에게 평등한 지위를 부여할 것을 규정하고 있다.

동 조약은 사회보장의 적용범위 및 수급권에 있어서 자국의 국내에 있는 비준국의 외국인에 대하여, 자국의 사회보장 법령에 의하여 자국민에게 주어지는 것과 동등한 대우를 해줄 것을 규정하고 있다. 비준국은 의료, 질병, 출산, 폐질, 노령, 유족, 업무재해, 실업, 가족의 각 부문에서 1개 또는 그 이상의 분야를 의무적으로 이행하여야 한다.

제 2 장 사회보험법

제1절 사회보험법의 의의

1. 사회보험의 개요

사회보험이라 함은 국민에게 발생하는 사회적 위험을 보험방식으로 대처함으로써 국민의 건강과 소득을 보장하는 제도를 말한다(사회보장 기본법 제3조 제2호).

(1) 사회적 위험

사회보험은 "사회적 위험"에 대처하기 위한 사회보장 제도이다. "사회적 위험"이라 함은 질병 · 장애 · 노령 · 실업 · 사망 등을 말한다(사회보장 기본법 제3조 제1호).

(2) 보험에 의한 대처

사회보험은 "보험방식"을 통하여 운용되는 사회보장 제도이다. 이 점에서 여타의 사회보장 제도와 구별된다. 보험방식을 원칙으로 하므로 위험이 발생하지 않을 경우에는 급여를 받을 수 없으며, 연금재정의 안정적 운영과 적정 급여를 위하여 일정한 보험료를 납입해야 연금 등을 지급받을 수 있다[1].

---

1) 헌재 2001.2.22., 99헌마365.

관련사례

헌재 2001. 2. 22, 99헌마365

국민연금제도는 사회보험제도의 일종이며 가입여부·보험관계의 내용 등을 계약자유의 원칙에 의하여 정할 수 있는 사보험(私保險)과는 달리 보험가입이 강제되고, 보험료를 강제징수할 수 있으며, 보험관계의 내용이 법률에 의하여 정하여 지고, 사용자 또는 국가가 보험비용의 일부를 부담하는 등 보험원리에 부양원리가 결합된 공적보험제도로 사회보장에 관한 헌법 규정인 헌법 제34조 제1항, 제2항, 제5항을 구체화 하는 제도이다.

사회보험제도는 공적보험으로 국가에 의하여 운영되고 가입이 강제된다는 점에서 민간에 의하여 운용되고 가입이 자유로운 私보험과 구별된다.

(3) 국민건강과 소득보장

사회보험은 국민건강과 소득을 보장하기 위한 제도이다. 공공부조 역시 국민건강 및 소득을 목적으로 한다는 점에서 사회보험과 공공부조는 공통되지만, 사회보험은 공공부조와 달리 생활능력이 없는 자에게만 보장되는 것이 아니라는 점에서 양자는 구별된다.

2. 사회보험의 특징

(1) 사회보험과 사회보장

① 수익자 부담원칙

사회보험은 일종의 보험제도로 수익자 부담의 원칙을 근간으로 하고 있다.

따라서 비용은 수익자로서의 가입자인 사용자 · 피용자 및 자영자가 부담 하는 것을 원칙으로 하되, 관계 법령이 정하는 바에 따라 국가가 그 비용의 일부를 부담할 수 있다(사회보장기본법 제27조 제2항).

② 국가 운영주체

사회보험은 국가가 행함을 원칙으로 한다(동법 제25조 제1항). 이 점에서 국가 및 지방자치단체가 행하는 공공부조 및 국가 지방자치단체 및 민간이 행하는 사회복지 서비스와 구별된다. 사회보험은 전 국민을 대상으로 획일성 · 통일성을 필요로 하고 막대한 재정규모가 요구된다는 점에서 국가가 전담하며 지방자치 단체는 배제되고 있다.

③ 생활능력과 무관

사회보험제도는 생활능력과 무관하게 가입대상이 정하여 진다. 이 점에서 생활유지 능력이 없거나 생활이 어려운 국민을 대상으로 하는 공공부조와 구별된다. 오히려 사회보험제도는 수익자 부담의 원칙에서 일정한 소득을 갖고 있는 사용자, 피고용자 및 자영업자를 적용대상으로 하고 있다.

④ 보험방식 운영

사회보험은 보험방식을 통하여 운용되는 사회보장 제도이다. 이 점에서 국가 또는 지방자치단체의 행정행위에 의하여 지원되는 여타의 사회보장제도와 구별된다. 사회보험은 질병 · 장애 · 노령 · 실업 · 사망 등의 사회적 위험에 대처하기 위한 일종의 보험제도이다.

보험방식을 원칙으로 하므로 사회적 위험이 발생하지 않을 경우에는 급여를 받을 수 없으며, 적정급여를 위하여 일정한 보험료를 납입해야 연금을 지급 받을 수 있다[2].

관련사례

헌재 2001.2.22, 99헌마365

사회보험제도의 원리적용 된다. ① …중략… ② 기여와 급여에 있어서 고소득자는 높은 비율의 기여와 낮은 비율의 급여를, 저 소득자는 낮은 수준의 기여와 높은 비율의 급여가 행하여져 결과적으로 사회계층간에 소득재분배 효과가 나타나야 하며, 이 때 어느 정도 수준으로 소득재분배의 효과를 추구할 것인지의 여부는 사회적 효율성과 개별적 공평성이라는 두 가지 목표 사이에서 적절히 선택한다. …③, ④… 중략.

(2) 사회보험과 私보험

(유사점)

사회보험과 사 보험은 모두 보험의 방식을 이용한다는 점에서 공통점을 갖는다. 이는 위험분산의 원칙과 수익자 부담의 원칙으로 요약된다.

① 위험분산의 원칙

보험을 통한 위험분산의 원칙이라 함은 공동체의 집단대응을 통하여 위험성을 결합시키고 이를 구성원에게 분산함으로써 공동으로 대처하는 방법이다.

㈎ 보험과 위험(Risk) : 사람들은 미래의 예측이 불가능한 불확실성의 세계에 살고 있다. 불확실성이라 함은 장래에 발생할 현상에 관하여 예견할 수

2) 헌재, 2001.2.22., 99헌마365.

없기 때문에 조성되는 어떤 상태를 말하며, 어떠한 주어진 여건 하에서 인간이 장래 발생할 가능성이 있는 위험, 즉 우연적인 사고 발생가능성을 의식함으로써 생기는 현상이다.

(나) 불확실성과 위험 기피자 : 불확실성에 대하여는 개인에 따라 그 인식도에 차이가 있을 수 있는 바 이는 위험에 대한 의식의 정도가 다르기 때문이다. 이 의식의 정도의 이에 따라 개인의 위험에 대한 형태를 위험 중립자, 위험 기피자 및 위험 선호자의 셋으로 나눌 수 있다. 위험의 발생이 예견되는 경우 이의 발생에 대비하여 사전에 보험가입 등의 비용을 지출하게 되는 바, 위험이 발생하는 경우 비용지출의 결과 이익을 보게 되는 반면에, 위험 이 발생하지 아니하는 경우 비용지출은 손해를 보게 된다.

② 수익자 부담의 원칙

보험에 있어서의 수익자 부담의 원칙이라 함은 보험관계를 맺고 일정한 보험료를 납부한 자만이 보험금을 받을 수 있다는 원칙을 말한다. 이는 보험의 수리적 형평성을 의미하며 보험자의 입장에서는 수입과 지출이 균형을 이루고, 피보험자의 입장에서는 납부한 보험료와 수령한 보험금이 비례하는 것이 원칙이다. 수리적 형평성의 원칙을 수지상응의 원칙 또는 수지균형의 원칙이라고도 표현하기도 한다. 사보험의 경우 수리적 형평성이 엄격하게 요구되지만, 사회보험의 경우 수리적 형평성이 상대적으로 약하게 요구된다.

수익자부담의 원칙을 적용하기 위해서 보험관계의 성립과 소멸, 보험료 및 보험금의 명확한 지급요건, 산정기준 등에 관한 객관적인 기준의 제시가 필요하다.

(차이점)[3]

사회보험과 私보험의 차이점은 운영의 주체, 가입의 강제성 및 제도의 목적에서 찾아 볼 수 있다.

① 운영주체

사회보험은 국가가 주관하고, 사 보험은 민간이 주관하는 것이 원칙이다. 사회보험의 경우 일부 국가에서는 민간이 운영하는 예도 있으나, 이 경우에도 사회보험제도의 수립, 감독 및 관리의 궁극적인 책임은 국가가 부담하는 것이 일반적이다.

사회보험을 국가가 주관하는 이유는 다음과 같다. 첫째, 사회보험은 사회위험의 분산을 통하여 모든 국민이 행복하고 인간다운 생활을 영위하는 것을 목적으로 하고 있는 바, 이는 후술하는 강제가입, 소득 재분배 및 사회연대의 원칙을 필요불가결한 요소로 하고 있다. 이러한 소득 재분배 및 사회연대의 원칙들은 영리를 목적으로 이윤의 극대화를 추구하는 민간 보험회사에게는 적합하지 아니므로 국가가 이를 담당하는 것이다. 둘째, 사회적 위험은 전 국민을 대상으로 하는 것이므로 운영비용 및 조직의 충분성 및 안정성을 필요로 한다. 민간 보험회사는 사회보험을 감당할 만큼의 충분한 재원과 조직을 갖추고 있지 못하므로, 국가가 사회보험을 주관하는 것이다.

② 가입 강제성

사회보험의 경우 가입이 강제되나, 사 보험의 경우 가입은 당사자의 자유의사에 따르는 것이 원칙이다. 사 보험의 경우 위험 선호자이거나 실제 자신이 부담하는 보험료보다 급여액이 낮은 수준인 경우 또는 자신에 대한 위험 발생 확률이 타인보다 낮은 경우에는 보험가입을 기피하게 된다, 이러한 현

3) 이상윤, 전게서, p 122.

상을 보험의 역 선택이라 한다. 또한, 사회보험의 문제를 가입과 탈퇴가 자유로운 사 보험에 맡기게 되면 사회적 위험발생 확률이 상대적으로 높거나 소득수준이 낮은 사람들은 보험에 가입하는 것이 매우 어렵거나 불가능하게 되어, 모든 국민이 동질의 사회보장을 제공받을 수 없다. 사회보험은 이러한 역 선택을 방지하고 보험의 형평성을 확보하기 위하여 대상자가 가입을 원하지 않는다 할지라도 의무적으로 가입하여야 하는 것을 원칙으로 하고 있다. 따라서 원칙적으로 전 국민을 강제로 보험에 가입시키고 경제적 능력에 비례하여 보험료를 납부하도록 함으로써 사회보장과 동시에 소득재분배 효과를 얻고자 사회보험 제도를 시행하는 것이다[4].

관련사례

헌재 2003. 10. 30, 2000헌마801

건강보험의 문제를 시장경제의 원리에 따라 사 보험에 맡기면 상대적으로 질병발생 위험이 높거나 소득수준이 낮은 사람들은 보험에 가입하는 것이 매우 어렵거나 불가능하게 되어 …중략, …이와 같이 국가가 국민을 강제로 건강보험에 가입시키고 경제적 능력에 따라 보험료를 납부하게 하는 것은 행복추구권으로부터 파생하는 일반적 행동의 자유의 하나인 공법상의 단체에 강제로 가입하지 아니할 자유와 정당한 사유가 없는 금전의 납부를 강제당하지 않을 재산권에 대한 제한이 되지만, 이러한 제한은 정당한 국가목적을 달성하기 위하여 부득이한 것이고, 가입강제와 보험료의 차등부과로 인하여 달성되는 공익은 그로 인하여 침해되는 사익에 비하여 월등히 크다고 할 수 있으므로, 위의 조항[5]들이 헌법상의 행복추구권이나 재산권을 침해한다고 볼 수 없다.

4) 헌재, 2003.10.30., 2000헌마801.

5) 국민건강 보험법 제5조, 제31조 제1항, 2항, 제62조 제1,3,4항 등.

③ 사회적 연대

사회적 연대의 원칙이라 함은 사회위험에 대하여 사회구성원 전체가 연대하여 위험을 분산시키고 이 과정에서 고소득자가 저소득자보다 더 많은 비용을 부담함으로써 형평성을 확보하는 방법으로 사회 위험에 대처하도록 하는 원칙을 말한다.

따라서 사회보험에의 가입 및 탈퇴가 사회구성원의 자유의사에 따라 임의적으로 허용되는 경우 사회보험은 사회적 연대를 확보할 수 없으므로 사실상 성립될 수 없다. 우리나라의 4대 사회보험이 모두 법률의 규정에 의하여 강제가입을 의무화하고 있는 것도 사회적 연대의 원칙을 실현하고자 하는데 있다.

3. 사회보험의 내용

(1) 업무수행기관

① 국민연금법

국민연금 사업은 보건복지부 장관이 맡아 주관한다(동법 제2조). 일반 업무는 국민 연금공단이 수행한다(동법 제24조). 보건복지부 장관의 위탁을 받아 사업을 효율적으로 수행하기 위하여 국민 연금공단을 설립한다(동법 제24조).

② 국민건강보험법

건강보험 사업은 보건복지부 장관이 관장한다(동법 제2조). 일반 업무는 국민건강 보험공단이 수행한다(동법 제14조). 건강보험 보험자는 국민건강

보험공단으로 한다(동법 제13조).

③ 산업재해 보상보험법

산업재해 보상보험 사업은 고용노동부 장관이 관장한다(동법 제2조 제1항). 일반 업무는 근로복지 공단이 수행한다(동법 제10조). 고용노동부 장관의 위탁을 받아 사업을 효율적으로 수행하기 위하여 근로복지 공단을 설립한다(동법 제10조).

④ 고용보험법

고용보험은 고용노동부 장관이 관장한다(동법 제3조). 일반 업무는 고용노동부 장관이 직접 수행하거나 고용노동부 장관의 위임을 받은 직업안정기관의 장 또는 고용노동부 장관의 위탁을 받은 근로복지공단이 수행한다. 고용노동부장관의 권한은 대통령령으로 정하는 바에 따라 그 일부를 직업안정기관의 장에게 위임하거나 대통령령으로 정하는 자에게 위탁할 수 있다(동법 제115조).

(2) 보험 가입자

① 국민연금법

국내에 거주하는 국민으로서 18세 이상 60세 미만인 자는 국민연금 가입대상이 된다(동법 제6조 본문). 다만, 공무원연금법, 군인연금법 및 사립학교 교직원 연금법을 적용받는 공무원, 군인 및 사립학교 교직원, 그 밖에 대통령령으로 정하는 자는 제외한다(동법 제116조 단서). 가입자는 사업장가입자, 지역가입자, 임의가입자 및 임의계속가입자로 구분한다(동법 제7조).

② 국민건강 보험법

국내에 거주하는 국민으로서 법에서 정하는 일정한 자를 제외한 모든 자는 건강보험의 가입자 또는 피부양자가 된다(동법 제5조). 가입자는 직장가입자 및 지역가입자로 구분한다(동법 제6조 제1항). 모든 사업장의 근로자 및 사용자와 공무원 및 교직원 중 일정한 자를 제외하고는 모두 직장가입자가 된다(동법 제6조 제2항). 지역가입자는 가입자중 직장가입자와 그 피부양자를 제외한 자를 말한다(동법 제6조 제3항).

③ 산업재해보상 보험법

산업재해보상보험은 근로자를 사용하는 모든 사업 또는 사업장에 적용한다(동법 제6조 본문). 다만, 위험률 · 규모 및 장소 등을 고려하여 대통령령으로 정하는 사업에 대하여는 이 법을 적용하지 아니한다(동법 제6조 단서).

④ 고용보험법

고용보험은 근로자를 사용하는 모든 사업 또는 사업장에 적용한다(동법 제8조 본문). 다만, 산업별 특성 및 규모 등을 고려하여 대통령령으로 정하는 사업에 대하여는 적용하지 아니 한다(동법 제8조 단서).

고용보험법을 적용받는 사업의 사업주와 근로자는 당연히 고용보험의 보험가입자가 된다(보험료징수법 제5조 제1항). 고용보험법 제8조 단서에 따라 같은 법을 적용하지 아니하는 사업의 사업주가 근로자의 과반수의 동의를 받아 공단의 승인을 받으면 그 사업의 사업주와 근로자는 고용보험에 가입할 수 있다(보험료징수법 제5조 제2항).

⑶ 사회보험의 성립과 소멸

(성립)

① 산업재해보상보험 및 고용보험

산업재해보상보험 및 고용보험의 보험관계의 성립에 관하여 보험료징수법 제7조는 명문의 규정을 두고 있다. 보험관계는 보험가입자가 보험가입의 자격을 실제로 갖추게 된 시기에 성립하게 되며, 보험가입신고 등 별도의 절차를 필요 요건으로 하는 것은 아니다.

따라서 사업장의 사업주가 보험가입 신고를 하지 않는 경우에도 ㈎ 근로자는 보험혜택을 받을 수 있으며, ㈏ 사업주는 가입 미신고 및 보험료 미납으로 인한 불이익을 받게 되고, 보험관계 성립일 부터 신고하기 이전까지 기간 동안의 보험료를 소급 납부할 의무를 부담하게 된다.

② 국민연금

㈎ 가입 신고일로 보는 경우: 보험업무의 효율성 및 명확성을 확보할 수 있으나, 가입자의 자격을 갖추었음에도 불구하고 가입신고를 하기 전 까지 보험혜택을 받을 수 없다.

㈏ 자격 취득시기로 보는 경우: 가입자는 가입 미신고 기간 중일지라도 보험관계가 성립된 것으로 보며, 단지 가입미신고 및 보험료 미납으로 인한 불이익을 받게 된다. 이 경우 당연 적용사업장의 사용자가 사업장 적용 신고는 하였으나, 일부 근로자의 사업장 가입자 자격취득신고를 하지 않아 당해 근로자가 보험료를 납부 못한 경우와 당연적용 사업장의 사용자가 사업장 적용요건을 갖추었으나 신고조차 아니하여 전체 근로자가 보험료를 납부 못한 경우로 나누어 볼 수 있다.

③ 국민건강 보험

㈎ 가입 신고일로 보는 경우: 보험업무의 효율성 및 명확성을 확보할 수 있으나, 가입자의 자격을 갖추었으나 가입신고를 하기 전까지 보험혜택을 받을 수 없다.

㈏ 자격 취득시기로 보는 경우: 가입자는 가입 미신고 기간 중일지라도 보험혜택을 받을 수 있으며, 가입 미신고 및 보험료 미납으로 인한 불이익을 받게 된다.

(소멸)

① 산업재해보상보험 및 고용보험

보험관계의 소멸은 다음 어느 하나에 해당되는 날이다.

㈎ 사업이 폐업되거나 끝난 날의 다음 날

㈏ 보험계약을 해지하는 경우에는 그 해지에 관하여 공단의 승인을 받은 날의 다음 날

㈐ 공단이 보험관계를 소멸시키는 경우에는 그 소멸을 결정 · 통지한 날의 다음 날

㈑ 사업주의 경우에는 근로자를 사용하지 아니한 첫날부터 1년이 되는 날의 다음 날

② 국민연금 및 국민건강보험

가입자격을 상실한 때에 보험관계가 소멸된다.

(4) 보험료 납부

① 국민연금법

(가) 사업장 가입자 : 사업장 가입자의 연금보험료 중 기여금은 사업장 가입자 본인이, 부담금은 사용자가 각각 부담하되, 그 금액은 각각 기준소득 월액의 1천분의 45에 해당하는 금액으로 한다(동법 제88조 제3항).

(나) 지역가입자, 임의가입자 및 임의계속가입자 : 지역가입자, 임의가입자 및 임의계속 가입자의 연금 보험료는 지역가입자, 임의가입자 또는 임의계속 가입자 본인이 부담하되, 그 금액은 기준소득 월액의 1천분의 90으로 한다(동법 제88조 제4항).

② 국민건강 보험법

(가) 직장가입자 : 먼저 근로자 또는 공무원인 경우에 직장가입자의 보험료는 직장가입자와 다음의 구분에 의한 자가 각각 보험료 액의 100분의 50씩 부담한다(동법 제76조 제1항 본문). 직장가입자가 근로자인 경우에는 당해 근로자가 소속되어 있는 사업장의 사업주, 직장 가입자가 공무원인 경우에는 그 공무원이 소속되어 있는 국가 또 는 지방자치단체이다.

다음으로 교직원인 경우에 직장가입자가 교직원인 경우의 보험료 액은 그 직장 가입자가 100분의 50을, 당해 교직원이 소속되어 있는 사립학교를 설립 · 운영하는 자가 100분의 30을, 국가가 100분의 20을 각각 부담하되, 당해 교직원이 소속되어 있는 사립학교를 설립 · 운영하는 자가 그 부담액의 전액을 부담할 수 없을 때에는 그 부족액을 학교에 속하는 회계에서 부담하게 할 수 있다(동법 제76조 제1항 단서).

(나) 지역가입자 : 지역가입자의 보험료는 그 가입자가 속한 세대의 지역가

입자 전원이 연대하여 부담한다(동법 제76조 제3항).

③ 산업재해보상보험법

㈎ 사업주 : 사업주가 부담하여야 하는 산재보험료는 그 사업주가 경영하는 사업의 보수총액에 같은 종류의 사업에 적용되는 산재보험료율을 곱한 금액으로 한다(보험료징수법 제13조 제5항).

㈏ 근로자 : 보험료를 부담하지 아니 한다.

④ 고용보험법

㈎ 실업급여 : 근로자가 부담하여야 하는 고용보험료는 자기의 보수총액에 실업급여의 보험료율의 2분의 1을 곱한 금액으로 한다(보험료징수법 제13조 제2항). 사업주가 부담하여야 하는 고용보험료는 그 사업에 종사하는 고용보험 가입자인 근로자의 보수총액에 실업급여의 보험료율의 2뿐의 1을 곱하여 산출한 금액으로 한다(보험료징수법 제13조 제4항 제2호).

㈏ 고용안정·직업능력 개발사업 : 사업주가 부담하여야 하는 고용안정·직업능력 개발사업의 고용보험료는 그 사업에 종사하는 고용보험 가입자인 근로자와 보수총액에 고용안정·직업능력 개발사업의 보험료율 곱하여 산출한 금액으로 한다(보험료정수법 제13조 제4항 제1호).

(5) 급여내용

급여수준 : 사회보험의 급여는 제공되는 수량 및 기간에서 가입자의 수요를 충족시킬 수 있는 수준이어야 한다.

급여방법 : 납부한 보험금에 비례하여 지급하는 비례급여와 납부한 보험금

과는 무관하게 동일한 수준의 급여를 지급하는 정액급여가 있다.

① 국민연금법

국민연금의 급여의 종류는 다음과 같다(동법 제49조). 노령연금, 장애연금, 유족연금, 반환일시금 등이 있다.

② 국민건강보험법

국민건강보험은 요양급여 및 부가급여를 실시한다.

㈎ 요양급여: 가입자 및 피부양자의 질병 · 부상 · 출산 등에 대하여 다음의 요양급여를 실시한다(동법 제41조 제1항). 진찰 · 검사, 약제 · 치료재료의 지급, 처치·수술 기타의 치료, 예방·재활, 입원, 간호, 이송 등이다.

㈏ 부가급여: 요양급여 외에 대통령령이 정하는 장제비, 상병수당, 기타 급여를 실시할 수 있다.

③ 산업재해보상 보험법

산재보상보험은 일반 질병 · 사고에 대한 것과 진폐에 대한 것으로 나누고 있다. ㈎ 일반 질병·사고에 관한 급여: 보험급여의 종류는 다음과 같다(동법 제36조 제1항 본문). 요양급여, 휴업급여, 장해급여, 간병급여, 유족급여, 상병보상연금, 장의비, 직업재활급여 등이 있다.

㈏ 진폐에 관한 급여: 진폐에 따른 보험급여의 종류는 요양급여, 간병급여, 장의비, 제8호의 직업 재활급여, 진폐보상 연금 및 진폐유족연금으로 한다(동법 제36조 제1항 단서).

④ 고용보험법

고용보험 사업으로 고용안정 · 직업능력개발 사업, 실업급여, 육아 휴직급여 및 출산전후 휴가급여 등을 실시한다(동법 제4조).

(6) 외국인

① 국민연금법

국민연금법은 외국인에 대해서도 내국인과 마찬가지로 국민연금의 가입자격을 인정하되 상호주의에 따르는 것을 원칙으로 하고 있다. ㈎ 기본원칙: 국민연금법의 적용을 받는 사업장에 사용되고 있는 외국인과 국내에 거주하는 외국인으로서 대통령령으로 정하는 자 외의 외국인은 제6조에도 불구하고 당연히 사업장 가입자 또는 지역가입자가 된다(동법 제126조 제1항 본문). 다만, 이 법에 따른 국민연금에 상응하는 연금에 관하여 그 외국인의 본국 법이 대한민국 국민에게 적용되지 아니하면 그러하지 아니하다(동법 제126조 제1항 단 서).

② 국민건강 보험법

㈎ 기본원칙 : 국내에 체류하고 있는 재외국민 또는 외국인으로서 대통령령이 정하는 사람은 제5조의 규정에도 불구하고 이 법의 적용을 받는 가입자 또는 피부양자가 된다(동법 제109조 제2항).

㈏ 외국정부가 사용자인 사업장 : 정부는 외국정부가 사용자인 사업장의 근로자의 건강보험에 관하여 외국정부와의 합의에 의하여 이를 따로 정할 수 있다(동법 제109조 제1항).

③ 산업재해보상 보험법

산업재해보상보험법은 외국인에 관한 규정을 아니 두고 있다. 그러나 대법원 판례는 외국인에게도 동법에 의한 산업재해보상을 인정하고 있다. 불법체류 외국인 근로자의 경우에도 산업재해보상 보험법을 적용하고 있다[6].

④ 고용보험법

고용보험법은 원칙적으로 외국인에 적용되지 아니하나, 예외적으로 다음의 외국인에게만 인정된다(동법 제10조 제5호 및 동법 시행령 제3조제2항 제1호).

---

6) 대판, 1995.9.15., 선고 94누12067 판결.

제2절 국민연금법

1. 국민연금의 개념

(1) 연금제도의 체계

사회보험 제도로서의 연금제도는 일반적으로 공적연금, 기업연금 및 개인연금의 세 가지로 구성되어 있다 공적연금 제도는 국가가 관장하는 연금제도로서 가입자의 전부 또는 일부가 그 가입이 강제되는 연금제도이다. 기업연금제도는 기업의 사업자가 관장하는 연금제도로서 대부분의 경우 퇴직금의 형태로 지급되고 있다. 개인연금 제도는 연금제도를 하나의 금융상품으로 취급하는 각종 민간금융기관에 의하여 관장되는 연금제도로서 그 가입여부는 가입자의 자유의사에 따르고 있다. 기업연금 제도 및 개인연금 제도는 민간이 운영주체로서 사적연금 제도에 해당 된다[7].

(2) 공적연금제도의 의의

공적연금은 "가입자에게 노령 · 질병, 사망이란 사회적 위험이 발생한 경우 가입자의 보험료를 주된 재원으로 하여 가입자 또는 그 유족에게 법정된 급여를 하여 장기적 소득보장을 함으로써 사회 · 경제적 안전을 부여 하는 제

7) 이인재 외, 사회보장론, 나남출판, 1999, p 135 재인용.

도"라 정의한다. 공적연금에는 사회 보험식 공적 연금, 공공 부조식 공적 연금 및 사회 수당식 공적연금의 세 가지 형태가 있다. 사회보험식 공적 연금제도는 가입자가 보험료를 납부하게 되는 사회보험의 형태로 연금제도가 운영되는 제도이며 우리나라의 국민연금 제도가 이에 해당된다. 공공 부조식 공적 연금제도는 생활능력이 없는 특정계층에 대하여 국가가 무상으로 연금을 지급하는 제도이며, 우리나라의 장애인연금 제도와 기초노령 연금제도가 이에 해당된다. 사회 수당식 공적연금 제도는 생활능력과 상관없이 특정계층에 해당하는 경우 국가가 무상으로 연금을 지급하는 제도를 말한 다. 공적 연금제도 중에서는 사회보험식 연금제도가 주된 연금제도이며, 나머지는 이의 보완적 제도로 활용된다.

2. 가입대상 및 가입자 종류

(1) 가입대상

국내에 거주하는 국민으로서 18세 이상 60세 미만인 자는 국민연금 가입대상이 된다(동법 제6조 본문). 동 규정은 60세 이상의 자의 가입자격을 제한하여 헌법상의 평등원칙을 침해하는 것은 아니다[8].

① 내국인에 대한 예외

공무원연금법, 군인연금법 및 사립학교 교직원 연금법을 적용받는 공무원, 군인 및 사립학교 교직원, 그 밖에 대통령령으로 정하는 자는 제외한다(동법 제6조 단서).

---

8) 헌재, 2001.4.26 판결, 2000 헌마 390.

② 외국인에 대한 예외

외국인에 대하여는 상호주의 원칙을 적용하되, 외국과 사회보장협정을 맺은 경우에는 이에 따르도록 하고 있다.

(2) 가입자 종류

가입자는 사업장 가입자, 지역가입자, 임의가입자 및 임의계속 가입자로 구분 한다(동법 제7조). 여기서 임의계속 가입자에 대해서는 논외로 한다.

① 사업장 가입자

사업의 종류, 근로자의 수 등을 고려하여 대통령령으로 정하는 사업장(이하, 당연적용사업장이라 함)의 18세 이상 60세 미만인 근로자와 사용자는 당연히 사업장 가입자가 된다(동법 제8조 제1항 본문). 또한, 국민연금에 가입된 사업장에 종사하는 18세 미만 근로자는 자기가 원하면 사용자의 동의를 받아 사업장 가입자가 될 수 있다(동법 제8조 제2항).

② 지역가입자

사업장 가입자가 아닌 자로서 18세 이상 60세 미만인 자는 당연히 지역가입 자가 된다(동법 제9조 본문). 다음에 해당하는 자는 제외한다(동법 제9조 단서).

㈎ 다음의 어느 하나에 해당하는 자의 배우자로서 별도의 소득이 없는 자, (a) 제6조 단서에 따라 국민연금 가입대상에서 제외되는 자, (b) 사업장가입자, 지역가입자 및 임의계속가입자, (c) 별정우체국 직원, (d) 노령연금 수급권자 및 퇴직연금 등 수급권자.

㈏ 퇴직연금 등 수급권자. 다만, 퇴직연금 등 수급권자가 「국민연금과 직역연금의 연계에 관한 법률」 제8조에 따라 연계신청을 한 경우에는 그러하지 아니 하다.

㈐ 18세 이상 27세 미만인 자로서 학생이거나 군 복무 등의 이유로 소득이 없는 자(연금 보험료를 납부한 사실이 있는 자는 제외한다)

㈑ 국민기초생활 보장법에 따른 수급자

㈒ 1년 이상 행방불명된 자. 이 경우 행방불명된 자에 대한 인정 기준 및 방법은 대통령령으로 정한다.

③ 임의 가입자

사업장 가입자자 또는 지역 가입자가 아닌 자로서 18세 이상 60세 미만인 자는 보건복지부령으로 정하는 바에 따라 국민연금 공단에 가입을 신청하면 임의 가입자가 될 수 있다(동법 제10조 제1항). 임의가입자는 보건복지부령으로 정하는 바에 따라 국민연금 공단에 신청하여 탈퇴할 수 있다(동법 제10조 제2항).

3. 가입자 자격의 취득과 상실

(1) 자격취득 시기

① 사업장 가입자

사업장 가입자는 다음에 해당하게 된 날에 그 자격을 취득한다(동법 제11조).

㈎ 제8조 제1항 본문에 따른 사업장에 고용된 때 또는 그 사업장의 사용자

가된 때

㈏ 당연적용 사업장으로 된 때

② 지역 가입자

지역가입자는 다음의 어느 하나에 해당하게 된 날에 그 자격을 취득한다(동법 제11조 제2항).

㈎ 사업장 가입자의 자격을 상실한 때

㈏ 제6조 단서에 따른 국민연금 가입대상 제외자에 해당하지 아니 하게 된 때

㈐ 제9조 제1호에 따른 배우자가 별도의 소득이 있게 된 때

㈑ 18세 이상 27세 미만인 자가 소득이 있게 된 때

③ 임의 가입자

임의 가입자는 가입신청이 수리된 날에 자격을 취득한다(동법 제11조 제3항).

⑵ 자격상실 시기

① 사업장 가입자

사업장 가입자는 다음의 어느 하나에 해당하게 된 날의 다음 날에 자격을 상실한다(동법 제12조 제1항 본문). 다만, ㈒의 경우에는 그에 해당하게 된 날에 자격을 상실한다(동법 제12조 제1항 단서).

㈎ 사망한때

㈏ 국적을 상실하거나 국외로 이주한 때

㈐ 사용관계가 끝난 때

㈑ 60세가 된 때

㈒ 제6조 단서에 따른 국민연금 가입 대상 제외자에 해당하게 된 때

② 지역 가입자

지역 가입자는 다음에 해당하게 된 날의 다음 날에 자격을 상실한다(동법 제12조 제2항 본문). 다만, ㈐와 ㈑의 경우에는 그에 해당하게 된 날에 그 자격을 상실한다(동법 제12조 제2항 단서).

㈎ 사망한때

㈏ 국적을 상실하거나 국외로 이주한 때

㈐ 제6조 단서에 따른 국민연금 가입 대상 제외자에 해당하게 된 때

㈑ 사업장 가입자의 자격을 취득한 때

㈒ 제9조 제1호에 따른 배우자로서 별도의 소득이 없게 된 때

㈓ 60세가 된 때

③ 임의 가입자

임의 가입자는 다음에 해당하게 된 날의 다음 날에 자격을 상실한다(동법 제12조 제3항 본문). 다만, ㈓와 ㈔의 경우에는 그에 해당하게 된 날에 그 자격 을 상실한다(동법 제12조 제3항 단서).

㈎ 사망한때

㈏ 국적을 상실하거나 국외로 이주한 때

㈐ 제10조 제2항에 따른 탈퇴신청이 수리된 때

㈑ 60세가 된 때

㈒ 대통령령으로 정하는 기간 이상 계속하여 연금 보험료를 체납 한 때

(바) 사업장가입자 또는 지역가입자의 자격을 취득한 때

(사) 제6조 단서에 따른 국민연금 가입대상 제외자에 해당하게 된 때

4. 급여결정

(1) 급여구성

연금액은 지급사유에 따라 기본연금액과 부양가족 연금액을 기초로 산정한다(동법 제50조 제2항). 이 경우 연금액을 산정하기 위한 기본개념은 다음과 같다.

① 기본 개념

(가) 소득 : "소득"이란 일정한 기간 근로를 제공하여 얻은 수입에서 대통령령으로 정하는 비과세소득을 제외한 금액 또는 사업 및 자산을 운영하여 얻는 수입에서 필요경비를 제외한 금액을 말한다. 이 경우 국민연금 가입자(이하, "가입자"라 함)의 종류에 따른 소득범위는 대통령령으로 정한다(동법 제3조 제3호).

(나) 평균소득월액 : "평균소득월액"이란 매년 사업장 가입자 및 지역 가입자 전원의 기준소득 월액을 평균한 금액을 말하며, 그 산정방법은 대통령령으로 정한다(동법 제3조 제4호).

(다) 기준소득월액 : "기준소득월액"이란 연금 보험료와 급여를 산정하기 위하여 가입자의 소득월액을 기준으로 하여 대통령령으로 정하는 금액을 말하며, 그 결정방법 및 적용기간 등에 관하여는 대통령령으로 정한다(동법 제3조 제5호).

이 경우 연금보험료 및 급여산정의 기준이 되는 기준소득 월액을 등급별로 대통령령으로 정하도록 규정하고 있는 동법은 포괄위임 금지의 원칙에 위배되지 않는다[9].

② 기본연금액

수급권자의 기본연금액은 다음 A 및 B의 금액을 합한 금액에 1천분의 1천200을 곱한 금액으로 한다(동법 제51조 제1항 본문).

다만, 가입기간이 20년을 초과하면 그 초과하는 1년(1년 미만이면 매 1개월을 12분의 1년으로 계산한다)마다 본문에 따라 계산한 금액에 1천분의 50을 곱한 금액을 더한다(동법 제51조 제2항 단서).

A. 다음에 따라 산정한 금액을 합산하여 3으로 나눈 금액(동법 제51조 제1항 제1호)

㈎ 연금수급 3년 전 연도의 평균소득 월액을 연금수급 3년 전 연도와 대비한 연금수급 전년도의 전국소비자물가 변동률(통계법 제3조에 따라 통계청장이 매년 고시하는 전국소비자물가 변동률을 말한다. 이하, 이 조에서 같다)에 따라 환산한 금액

㈏ 연금수급 2년 전 연도의 평균소득 월액을 연금수급 2년 전 연도와 대비한 연금수급 전년도의 전국소비자물가 변동률에 따라 환산한 금액

㈐ 연금수급 전년도의 평균소득월액

B. 가입자 개인의 가입기간 중 매년 기준 소득월액을 대통령령으로 정하는 바에 따라 보건복지부 장관이 고시하는 연도별 재평가율에 의하여 연금수급 전년도의 현재가치로 환산한 후, 이를 합산한 금액을 총 가입기간으로 나눈

9) 헌재, 2007.8.30. 판결, 2004헌바88.

금액(동법 제51조 제1항 제2호 본문). 다만, 다음에 따라 산정하여야 하는 금액은 그 금액으로 한다(동법 제51조 제1항 제2호 단서).

㈎ 제18조에 따라 추가로 산입되는 가입기간의 기준소득 월액에 따라 산정한 금액의 2분의 1에 해당하는 금액

㈏ 제19조에 따라 추가로 산입되는 가입기간의 기준소득 월액에 따라 산정한 금액

(2) 급여수준

① 급여수준의 결정요인

공적연금으로서 국민연금의 급여수준을 어느 정도로 할 것인가는 국면연금의 목적 달성여부와 직결되는 중대한 문제이다. 국민연금의 급여수준은 최저보장수준과 최고보장수준, 연금 보험료와 급여와의 관계에서의 능력주의와 평등주의, 연금 슬라이드제 및 사적연금의 소득보장수준 등에 의하여 결정되는 것이 원칙이다.

② 최저보장수준과 최고보장수준

㈎ 최저보장수준

국민연금의 경우 소득보장의 최저로서 최저생계비 수준을 드는 것이 일반적이다. 그러나 최저생계비에 관한 명확한 정의는 불가능하고, 국가에 따라서도 상대적이다.

㈏ 최고보장수준

공적연금의 급여수준에 있어서 최고수준에 대하여는 각 국가별로 그 수준을 달리하고 있고 견해도 다양한 편이다. 일반적으로 국민연금 및 여타의 소

득보장 수단을 함께 합산한 금액이 퇴직이전에 받던 소득액을 초과하지 아니하는 기준이 그 최고한계라고 한다. 그 이유는 퇴직 후, 근로하지 않는 자가 현재 근로하고 있는 자의 소득액보다 더 큰 소득을 받는다는 것은 합리성 및 형평성이 결여되어 있기 때문이다.

③ 능력주의와 평등주의

공적연금의 연금 보험료와 급여에 있어서의 능력주의와 평등주의는 중요한 요소이다. 능력주의는 가입자가 납부한 연금 보험료에 비례하여 급여를 보장하여 주는 제도이다. 개인 간의 형평성 및 수지균형의 원칙에 부합된다. 평등주의는 노령자 등 가입자가 납부한 연금 보험료와 상관없이 이들이 최저생활을 유지하여 인간다운 생활을 살 수 있도록 하는 수준의 급여를 보장하여 주는 제도이다. 현행 우리나라의 국민연금법은 급여가 연금보험료 비례부분과 균등부분으로 구성되어 있어 평등주의와 능력주의를 혼합하고 있다.

⑶ 급여종류

동법에 따른 급여의 종류는 다음과 같다(동법 제49조).

① 노령연금, ② 장애연금, ③ 유족연금, ④ 반환일시금

① 노령연금

㈎ 수급권자 : 노령연금에는 노령연금, 감액노령연금, 재직자 노령연금 및 조기노령연금의 4가지 형태가 있다.

가입기간이 10년 이상인 가입자 또는 가입자였던 자에 대하여는 60세(특수 직종근로자는 55세)가 된 때부터 그가 생존하는 동안 노령연금을 지급한

다(동법 제61조 제1항).[10] 가입기간이 10년 이상인 가입자 또는 가입자였던 자로서 55세 이상인 자가 소득이 있는 업무에 종사하지 아니하는 경우 본인이 희망하면 60세가 되기 전 이라도 그가 생존하는 동안 일정한 금액의 연금(이하, 조기노령연금이라 함) 을 받을 수 있다(동법 제61조 제2항).

① 장애연금

㈎ 수급권자 : 가입 중에 생긴 질병(당해 질병의 초진일이 가입 중에 있는 경우로서 가입자가 가입당시 발병 사실을 알지 못한 경우를 포함 함)이나 부상으로 완치된 후에도 신체상 또는 정신상의 장애가 있는 자에 대하여는 그 장애가 계속되는 동안 장애정도에 따라 장애연금을 지급한다(동법 제61조 제1항).

③ 유족연금

다음에 해당하는 자가 사망하면 그 유족에게 유족연금을 지급한다(동법 제72조 제1항 본문).

㈎ 노령연금 수급권자

㈏ 가입기간이 10년 이상인 가입자였던 자

㈐ 가입자

㈑ 장애등급이 2급 이상인 장애연금 수급권자

④ 반환일시금

---

10) 법률개정을 통하여 수급연령이 2013년부터 2033년에 걸쳐 65세로 상향 조정된다. 연금수급연령은 ①2013년~2017년까지는 61세, ②2018년~2022년까지는 62세, ③2023년~2027년까지는 63세, ④2028년~2032년까지는 64세, ⑤2033년부터는 65세로 상향조정된다.

반환일시금은 가입자가 연금수급요건을 충족하지 못하고 중도에 탈퇴하거나 재가입이 불가능한 경우 즉, 60세 도달, 사망, 국적상실 또는 국외 이주시 연금 보험료와 가입기간 동안의 이자를 합쳐 반환하는 제도이다. 가입자가 가입기간을 충족하지 못하여 연금수급 자격이 발생하지 못할 때에는 그 동안 납부한 연금보험료 총액에 일정한 이자를 가산하여 가입자나 가입자이었던 자 또는 그 가족에게 돌려주게 된다(동법 제77조).

5. 수급권보호 및 제한

(1) 수급권 보호

① 최우선 수급자

급여를 받을 권리가 있는 자(이하, 수급권자라 함)의 청구에 따라 공단이 지급한다(동법 제50조 제1항).

② 차선수급자

수급권자가 사망한 경우 그 수급권자에게 지급하여야 할 급여 중 아직 지급 되지 아니한 것이 있으면 그 배우자 · 자녀 · 부모 · 손자녀 · 조부모 또는 형제자매의 청구에 따라 그 미지급 급여를 지급한다(동법 제55조 제1항 본문). 다만, 형제자매의 경우에는 수급권자의 사망 당시 수급권자에 의하여 생계를 유지하고 있던 자에 한하며, 그 인정 기준은 대통령령으로 정한다(동법 제55조 제1항 단서).

③ 수급권보호

급여를 받을 권리는 양도 · 압류하거나 담보로 제공할 수 없다(동법 제58조 제1항). 수급권자에게 지급된 급여로서 대통령령으로 정하는 금액 이하의 급여는 압류할 수 없다(동법 제58조 제2항).

(2) 수급권 제한

① 노령연금

가입기간을 계산할 때 연금 보험료를 내지 아니한 기간은 가입기간에 산입하지 아니한다(동법 제17조 제2항 본문). 다만, 사용자가 근로자의 임금에서 기여금을 공제하고 연금 보험료를 내지 아니한 경우에는 그 내지 아니한 기간의 2분의 1에 해당하는 기간을 근로자의 가입기간으로 산입한다. 이 경우 1개월 미만의 기간은 1개월로 한다(동법 제17조 제2항 단서).

② 장애연금 및 유족연금

장애연금의 경우에는 당해 질병 또는 부상의 초진일 당시, 유족연금의 경우에는 사망일 당시 다음의 어느 하나에 해당하면 그 연금을 지급하지 아니한다(동법 제85조).

㈎ 연금 보험료를 낸 사실이 없는 경우

㈏ 연금 보험료를 낸 기간이 그 연금 보험료를 낸 기간과 연금 보험료를 내지 아니한 기간을 합산한 기간의 3분의 2보다 짧은 경우. 다만, 연금 보험료를 내지 아니한 기간이 6개월 미만인 경우는 제외한다.

6. 기타 공적연금

(1) 공무원연금법

① 목적

동법은 공무원의 퇴직 또는 사망과 공무로 인한 부상 · 질병 · 장애에 대하여 적절한 급여를 지급함으로써, 공무원 및 그 유족의 생활안정과 복리향상에 이바지함을 목적으로 한다(동법 제1조).

② 주요내용

공무원의 퇴직금, 노령연금, 재해보상 및 실업급여에 대하여 공무원 연금법이 적용되며, 근로자 퇴직급여보장법, 국민연금법, 산업재해보상보험법 및 고용보험법은 적용되지 아니한다. 국민건강보험법은 공무원에 대하여도 적용된다.

③ 공무원의 개념

공무원이란 상시 공무에 종사하는 국가공무원법, 지방공무원법 그 밖의 법률에 따른 공무원(다만, 군인과 선거에 의하여 취임하는 공무원은 제외 함) 및 그 밖에 대통령령으로 정하는 국가나 지방자치단체의 직원을 말한다(동법 제3조 제1항).

④ 재직기간의 계산

공무원의 재직기간은 공무원으로 임명된 날이 속하는 달부터 퇴직한 날의 전날 또는 사망한 날이 속하는 달까지의 연월수(年月數)로 계산한다(동법

제23조 제1항). 퇴직한 공무원 · 군인 또는 사립학교 교직원이 공무원으로 임용된 경우에는 본인이 원하는 바에 따라 종전의 해당 연금법에 따른 재직기간 또는 복무기간을 현재 공무원의 재직기간에 합산할 수 있다(동법 제23조 제2항).

(2) 교직원연금법

① 목적

동법은 사립학교 교원 및 사무직원의 퇴직 · 사망 및 직무로 인한 질병 · 부 상 · 장애에 대하여 적절한 급여제도를 확립함으로써 교직원 및 그 유족의 경제적 생활안정과 복리향상에 이바지함을 목적으로 한다(동법 제1조).

② 주요내용

교직원의 퇴직급여, 국민연금, 재해보상 및 실업급여에 대하여 공무원 연금법이 적용되며, 근로자퇴직 급여보장법, 국민연금법, 산업재해보상보험법 및 고용보험법은 적용되지 아니한다. 국민건강보험법은 교직원에 대하여도 적용된다.

③ 교직원의 개념

교직원이란 사립학교법 제54조에 따라 그 임명에 관한 사항이 관할청에 보고된 교원과 사립학교법 제70조의2에 따라 임명된 사무직원을 말한다(동법 제2조 제1항 제1호 본문). 다만, 임시로 임명된 사람, 조건부로 임명된 사람 및 보수를 받지 아니하는 사람은 제외한다(동법 제2조 제1항 제1호단서).

④ 재직기간의 계산

교직원의 재직기간은 교직원으로 임용된 날이 속하는 달부터 퇴직한 날의 전날 또는 사망한 날이 속하는 달까지의 연월수(年月數)로 계산한다(동법 제31조 제1항 전단). 교직원으로 임용되기 전의 병역법에 따른 현역병 또는 지원하지 아니하고 임용된 부사관의 복무기간은 본인이 원하는 바에 따라 상기 재직기간에 산입할 수 있다(동법 제31조 제2항). 퇴직한 교직원 · 공무원 또는 군인이 교직원으로 임용되고 재직기간 합산을 신청한 경우에는 대통령령으로 정하는 바에 따라 종전의 해당 연금법에 따른 재직기간 또는 복무기간을 상기 재직기간에 합산할 수 있다(동법 제32조 제1항).

(3) 군인연금법

① 목적

동법은 군인이 (가) 상당한 연한 성실히 복무하고 퇴직하거나, (나) 심신의 장애로 인하여 퇴직 또는 사망한 때 또는 (다) 공무상의 질병 · 부상으로 요양하는 때에 본인이나 그 유족에게 적절한 급여를 지급함으로써 본인 및 그 유족의 생활안정과 복리향상에 기여함을 목적으로 한다(동법 제1조).

② 주요내용

군인의 퇴직급여, 국민연금, 재해보상 및 실업급여에 대하여 공무원 연금법이 적용되며, 근로자퇴직 급여보장법, 국민연금법, 산업재해보상보험법 및 고용보험법은 적용되지 아니 한다. 국민건강 보험법은 군인 중에서 병역법의 규정 에 의한 현역병(지원에 의하지 아니하고 임용된 하사를 포함), 전환 복무된 사람 및 무관후보생에 적용되지 아니하나(국민건강보험법 제6조 제2항 제2호), 예외 적인 경우에 요양급여가 적용된다(동법 제54조의2 제1항). 현역 병, 전환 복무된 사람 및 무관후보생을 제외한 군인에 대하여는 국민건강보험법이 적용된다.

③ 군인의 개념

동법은 현역 또는 소집되어 군에 복무하는 군인에게 적용된다(동법 제2조 본문). 지원에 의하지 아니하고 임용된 부사관 및 병에게는 재해보상금에 한하여 이를 적용한다(동법 제2조 단서).

④ 복무기간의 계산

군인의 복무기간은 그 임용된 날이 속하는 달부터 퇴직한 날의 전날 또는 사망한 날이 속하는 달까지의 연월수에 의한다(동법 제16조 제1항). 전투에 종사 한 기간은 이를 3배로 계산한다(동법 제16조 제4항). 동법의 적용을 받은 군인으로 임용되기 전의 병역법에 의한 현역병 또는 지원에 의하지 아니하고 임용된 부사관의 복무기간은 본인이 원하는 바에 따라 상기 복무기간에 산입할 수 있다. 퇴직한 군인 · 공무원 또는 사립학교 교직원이 군인으로 복무하게 된 때에는 본인이 원하는 바에 따라 종전의 해당 연금법에 의한 복무기간 또는 재직기간을 상기 복무기간에 통산할 수 있다(동법 제16조 제6항 전단).

제3절 국민 건강보험법

1. 개요

동법은 국민의 질병 · 부상에 대한 예방 · 진단 · 치료 · 재활과 출산 · 사망 및 건강증진에 대하여 보험급여를 실시함으로써 국민보건 향상과 사회보장 증진에 이바지함을 목적으로 한다(국민건강보험법 제1조).

국민건강 보험법의 법률규정에 의하여 국민은 의무적으로 건강보험에 가입하게 되며 이에 따라 보험관계가 당연히 성립하게 된다. 공단과 가입자 간의 보험관계가 성립되는 경우 가입자는 보험료 납부의무를 부담하게 되고 이와 함께 의료급여를 수급할 권리를 갖게 된다. 국민건강보험법은 이에 따라 보험료의 납부의무자, 납부금액, 납부기한, 면제 및 경감, 징수 및 미납시의 급여제한 등에 관한 규정을 두고 있다. 또한, 의료급여의 종류, 수급권의 보호 및 급여의 제한 등에 관한 규정을 두고 있다.

2. 담당기관

(1) 보건복지부 장관

동법에 의한 건강보험사업은 보건복지부장관이 맡아 주관한다(동법 제2조). 보건복지부 장관 소속으로 건강보험 정책에 관한 다음의 사항을 심의 ·

의결하기 위하여 “건강보험정책 심의위원회”를 둔다(동법 제4조 제1항).

(2) 국민건강 보험공단

건강보험의 보험자는 국민건강 보험공단(이하, 공단이라 함)으로 한다(동법 제13조). 동 공단 소속하에 요양급여 비용을 심사하고 요양급여의 적정성을 평가하기 위하여 건강보험 심사평가원(이하, 심사평가원이라 함)을 설립한다(동법 제62조).

심사평가원의 업무를 효율적으로 수행하기 위하여 심사평가원에 진료심사평가위원회(이하, 심사위원회라 함)를 둔다(동법 제66조 제1항). 심사위원회는 위원장을 포함한 50명 이내의 상근심사위원과 1천명 이내의 비상근 심사위원으로 구성하며, 진료과목별 분과위원회를 둘 수 있다(동법 제66조 제2항). 심사위원회의 위원의 자격 · 임기 및 위원회의 운영 등에 관하여 필요한 사항은 보건복지부령으로 정한다(동법 제66조 제6항).

3. 적용대상 및 가입자

(1) 적용대상

① 내국인

국내에 거주하는 국민으로서 다음의 어느 하나에 해당하는 사람 외의 자는 이 법에 의한 건강보험의 가입자 또는 피부양자가 된다(동법 제5조 제1항).

㈎ 의료 급여법에 따라 의료급여를 받는 사람(이하, 수급권자라 함)

㈏ 독립유공자 예우에 관한 법률 및 국가유공자 등 예우 및 지원에 관한

법률에 의하여 의료보호를 받는 사람(이하, 유공자 등 의료보호대상자라 함)

② 피부양자

피부양자는 다음의 어느 하나에 해당하는 사람 중 직장 가입자에 의하여 주로 생계를 유지하는 사람으로서 보수 또는 소득이 없는 자를 말한다(동법 제5조 제2항). 피부양자 자격의 인정기준, 취득 · 상실시기 기타 필요한 사항은 보건 복지부령으로 정한다(동법 제5조 제3항). ㈎ 직장가입자의 배우자, ㈏ 직장가입자의 직계존속(배우자의 직계존속을 포함 함), ㈐ 직장가입자의 직계비속(배우자의 직계비속을 포함 함) 및 그 배우자, ㈑ 직장가입자의 형제 · 자매

③ 외국인

정부는 외국정부가 사용자인 사업장의 근로자의 건강보험에 관하여 외국정부와의 합의에 의하여 이를 따로 정할 수 있다(동법 제109조 제1항). 국내에 체류하고 있는 재외국민 또는 외국인으로서 대통령령으로 정하는 사람은 동법의 적용을 받는 가입자 또는 피부양자가 된다(동법 제109조 제2항).

(2) 가입자

① 직장가입자

모든 사업장의 근로자 및 사용자와 공무원 및 교직원은 직장가입자가 된다(동법 제6조 제2항 본문). 다만, 다음에 해당하는 사람은 가입자에서 제외된다(동법 제6조 제2항 단서).

㈎ 고용기간이 1개월 미만인 일용근로자

㈏ 병역법에 따른 현역병(지원에 의하지 아니하고 임용된 하사를 포함함), 전환 복무된 사람 및 무관후보생

㈐ 선거에 당선되어 취임하는 공무원으로서 매월 보수 또는 보수에 준하는 급료를 받지 아니하는 사람

㈑ 그 밖에 사업장의 특성, 고용형태 및 사업의 종류 등을 고려하여 대통령령으로 정하는 사업장의 근로자 및 사용자와 공무원 및 교직원

㈒ 현역병 및 교도소 수용자 등에 대한 예외 규정으로 병역법의 규정에 의한 현역병, 일반인이 교도소 기타 이에 준하는 시설에 수용되어 있는 때에는 보험급여가 정지된다. 다만, 이들도 일정의 요양급여는 받을 수 있다(동법 제54조 단서). 이들에게 요양급여를 실시하는 경우 공단은 요양급여 비용을 이들을 관리하는 기관으로부터 예탁받아 지급할 수 있다(동법 제60조의2 제1항).

② 지역가입자

지역가입자는 가입자 중 직장가입자와 그 피부양자를 제외한 자를 말한다(동법 제6조 제3항).

③ 임의계속 가입자

사용관계가 끝난 직장가입자 중 보건복지부령으로 정하는 사람은 지역가입자가 된 이후, 동법 제79조에 따라 최초로 고지 받은 지역가입자 보험료의 납부기한 이내에 공단에 직장가입자로서의 자격을 유지할 것을 신청하면 동법 제9조에도 불구하고 대통령령으로 정하는 기간 동안 직장가입자의 자격을 유지한다(동법 제110조 제1항 본문). 다만, 신청인이 신청 후 최초로 내야 할 보험료를 그 납부기한까지 내지 아니하면 직장가입자의 자격을 유지

할 수 없다(동법 제110조 제1항 단서).

4. 비용부담 및 보험료

(1) 비용부담

① 의의

건강보험의 운영에 소요되는 재정비용은 국가의 재정지원, 본인 일부 부담금 및 보험료 등에 의하여 충당된다.

② 국고지원

국가는 매년 예산의 범위 안에서 당해 연도 보험료 예상 수입액의 100분의 14에 상당하는 금액을 국고에서 공단에 지원한다(동법 제108조 제1항). 공단은 지원된 재원을 다음의 사업에 사용한다(동법 제108조 제3항).

㈎가입자 및 피부양자에 대한 보험급여

㈏건강보험사업에 대한 운영 비

㈐제75조 및 제110조 제3항에 따른 보험료 경감에 대한 지원

③ 국민건강 증진기금 지원

공단은 국민건강 증진법에서 정하는 바에 따라 동법에 따른 국민건강증진기금에서 자금을 지원받을 수 있다(동법 제108조 제2항). 공단은 지원된 재원을 다음의 사업에 사용한다(동법 제108조 제4항).

㈎ 건강검진 등 건강증진에 관한 사업

㈏ 가입자 및 피부양자의 흡연으로 인한 질병에 대한 보험급여

(다) 가입자 및 피부양자 중 65세 이상 노인에 대한 보험급여

④ 본인 일부 부담금

요양급여를 받는 자는 대통령령으로 정하는 바에 따라 그 비용의 일부를 본인이 부담한다(동법 제44조). 본인 일부 부담금제도를 두고 있는 이유는 다음과 같다. 첫째, 본인에게 의료비용의 일부를 부담하게 하여 경제적 부담을 줌으로써 불필요한 과잉진료를 방지하고자 하는 데에 기본목적이 있다. 의료비용이 전액 무료인 경우 의료 진료가 불필요함에도 불구하고 과도하게 의료 진료를 받게 되는 도덕적 해이 현상이 발생할 우려가 있는 바 이를 방지하기 위한 것이다. 둘째, 건강보험 운용에 필요한 재정 중 일부비용을 확보하기 위한 것이다. 본인일부 부담금의 액수가 너무 큰 경우 질병발생 초기에 적절한 의료 진료가 필요함에도 불구하고 이를 억제하는 효과를 가져 온다. 이에 따라 질병을 조기에 발견하여 적은비용으로 치료할 수 있는 기회를 상실하여 질병이 악화되는 결과를 초래할 수 있으므로 본인일부 부담금 금액의 적절한 산정이 필요하다.

(2) 보험료

일반적으로 국가가 의료보장을 시행하는 방법은 재원을 확보하는 방법에 따라, 가입자가 보험료를 납부하고 보험급여를 받는 사회보험방식과 일반조세를 재원으로 하여 국민 또는 거주자라는 법적요건만 갖추면 국가가 의료서비스를 보장하는 조세방식으로 구분된다. 의료보장을 시행하고 있는 국가 중에서, 영국 및 스웨덴 등과 같이 조세방식의 의료보장 제도를 취하고 있는 소수의 국가를 제외한다면, 대부분의 국가는 사회보험방식의 의료보장 제도

를 채택하고 있다. 공단은 건강보험사업에 소요되는 비용에 충당하기 위하여 보험료의 납부의무자로부터 보험료를 징수한다(동법 제69조 제1항).

① 직장가입자

직장가입자의 보험료는 다음의 구분에 따라 그 각 호에서 정한 자가 납부한다(동법 제77조 제1항).

㈎ 보수월액 보험료 : 사용자

이 경우 사업장의 사용자가 2명 이상인 때에는 그 사업장의 사용자는 해당 직장가입자의 보험료를 연대하여 납부한다.

㈏ 소득월액 보험료 : 직장가입자

사용자는 직장가입자가 부담하여야 하는 그 달의 보험료 액을 그 보수에서 공제하여 납부하여야 한다(동법 제77조 제3항 전단). 이 경우 직장가입자에게 그 공제액을 알려야 한다(동법 제77조 제3항 후단).

② 지역가입자

지역가입자의 보험료는 그 가입자가 속한 세대의 지역가입자 전원이 연대하여 납부한다(동법 제77조 제2항 본문). 다만, 소득 · 생활수준 · 경제활동 참가율 등을 고려하여 대통령령으로 정하는 기준에 해당하는 미성년자는 납부의무를 부담하지 아니한다(동법 제77조 제2항 단서).

③ 임의계속가입자

임의계속 가입자의 보수월액 보험료는 그 임의계속 가입자가 전액을 부담하고 납부한다(동법 제110조 제4항).

④ 보험료 액수

보험료 산정에 있어 직장가입자와 지역가입자는 기준을 달리하고 있다. 직장 가입자의 경우에는 소득만을 기준으로 하고, 소득 파악이 어려운 지역가입자의 경우에는 소득뿐만 아니라 재산, 생활수준, 직업, 경제활동 참가율 등 다양 한 요소를 참작한 추정소득을 기준으로 하고 있다. 이러한 차별취급은 지역가입자와 직장가입자의 본질적인 차이를 고려하여 그에 상응하게 보험료의 산정을 달리 하도록 한 것이므로 헌법상의 평등권을 침해하는 것이라 할 수 없다[11].

관련사례

대판, 2006.2.24., 2006아1(2005두15007) 판결.

직장가입자의 경우에는 표준보수월액을, 지역가입자의 경우에는 부과표준소득을 기준으로 보험료를 산정하도록 규정함으로써 직장근로자의 경우에는 소득만을 기준으로 하고, 소득 파악이 어려운 지역가입자의 경우에는 소득 뿐만 아니라 재산, 생활수준, 직업, 경제활동참가율 등 다양한 변수를 참작한 추정소득을 기준으로 하도록 하는 것인 바, 이러한 차별취급은 경제적 능력에 따른 부담의 원칙에 입각하고 있고, 지역가입자 와 직장가입자의 본질적인 차이를 고려하여 그에 상응하게 보험료의 산정을 달리하도록 한 것이므로 헌법상의 평등권을 침해하는 것이라 할 수 없다.

㈎ 직장가입자

직장가입자의 보수월액 보험료는 직장가입자와 다음의 구분에 따른 자가 각각 보험료 액의 100분의 50씩 부담한다(동법 제76조 제1항 본문). 다만,

11) 대판, 2006.2.24., 2006아1(2005두15007) 판결.

직장가입 자가 교직원인 경우의 보험료 액은 (a) 그 직장가입자가 100분의 50을, (b) 당해 교직원이 소속되어 있는 사립학교를 설립 · 운영하는 자가 100분의 30을, (c) 국가가 100분의 20을 각각 부담하되, (b)의 자가 부담하게 할 수 있다(동법 제76조 제1항 단서). 직장가입자가 근로자인 경우에는 그 근로자가 소속되어 있는 사업장의 사업주(제3조 제2호), 직장가입자가 공무원인 경우에는 그 공무원이 소속되어 있는 국가 또 는 지방자치단체, 직장가입자의 소득월액 보험료는 직장가입자가 부담한다(동법 제76조 제2항).

㈏ 지역가입자

지역가입자의 보험료는 그 가입자가 속한 세대의 지역 가입자 전원이 연대하여 부담한다(동법 제76조 제3항).

㈐ 임의 계속가입자

임의 계속가입자의 보험료는 그 임의계속 가입자가 전액을 부담하고 납부한다(동법 제102조 제4항).

⑤ 보험료 면제

공단은 직장가입자가 ㈎ 국외에서 업무에 종사하고 있는 때, ㈏ 현역병, ㈐ 교도소 기타 이에 준하는 시설에 수용 되어 있는 때에는 당해 가입자의 보험료를 면제한다(동법 제74조 제1항 본문). 다만, 국외에서 업무에 종사하고 있는 직장가입자의 경우에는 국내에 거주하는 피부양자가 없을 때에만 보험료를 면제한다(동법 제74조 제1항 단서).

제4절 산업재해보상 보험법

1. 산업재해보상보험법 개요

(1) 목적

시민법의 원칙에 따르면 근로자가 업무를 수행하다가 부상을 입거나 사망하는 등 재해를 당한 경우에 구제 내지 보호를 받으려면 사용자에 대하여 손해배상 책임을 묻는 방법밖에 없다. 이 책임은 과실 책임의 원칙에 따르기 때문에 피해근로자나 그 유족은 사용자의 고의・과실의 존재 및 그것과 재해 사이에 인과관계의 존재를 입증해야 한다. 또 피해근로자 등은 현실적으로 입은 손해액을 입증해야 하며 더욱이 피해근로자에게도 과실이 있으면 과실상계에 따라 배상액은 그만큼 감액되었다.

산업재해보상 보험법은 산업재해보상보험 사업을 시행하여 근로자의 업무상의 재해를 신속하고 공정하게 보상하며, 재해근로자의 재활 및 사회 복귀를 촉진하기 위하여 이에 필요한 보험시설을 설치 · 운영하고, 재해예방과 그 밖에 근로자의 복지 증진을 위한 사업을 시행하여 근로자 보호에 이바지하는 것을 목적으로 한다(산업재해보상보험법 제1조).

(2) 적용범위

① 적용사업장

동법은 근로자를 사용하는 모든 사업 또는 사업장(이하 "사업"이라 한다)에 적용한다(동법 제6조 본문). 외국인에게도 적용되는 것은 물론이다. 산업재해보상보험법을 적용받는 사업의 사업주는 당연히 산업재해보상 보험의 보험가입자가 된다(보험료징수법 제5조 제3항).

② 근로자의 개념

산업재해보상 보험법상의 보험급여를 받을 수 있는 근로자라 함은 근로기준법에 따른 근로자를 말한다(동법 제5조 제2호). 보험급여 대상자인 근로자가 '근로기준법상의 근로자'에 해당하는지의 여부는 그 실질에 있어 그가 사업 또 는 사업장에 임금을 목적으로 종속적인 관계에서 사용자에게 근로를 제공하였는지 여부에 따라 판단하여야 한다. 주식회사의 대표이사는 특별한 사정이 없는 한 산업재해보상보험법상의 근로자에 해당하지 아니하는 것이 원칙이나, 대표이사로서의 지위가 형식적 · 명목적인 것에 불과하여 자신은 단지 실제경영자로부터 구체적 · 개별적인 지휘 · 감독을 받아 근로를 제공하고 근로 자체의 대상적 성격으로 보수를 지급받는 경우에는 예외적으로 산업재해보상법상의 근로자에 해당한다.

2. 담당기관

(1) 고용노동부

동 법에 따른 산업재해보상보험 사업(이하 "보험사업"이라 한다)은 고용노동부 장관이 관장한다(동법 제2조 제1항). 동법에 따른 보험사업의 보험연도는 정부의 회계연도에 따른다(동법 제2조 제2항).

고용노동부장관은 보험 사업을 효율적으로 관리 · 운영하기 위하여 조사 · 연구사업 등을 할 수 있다(동법 제9조 제1항). 고용노동부장관은 필요하다고 인정하면 상기업무의 일부를 대통령령으로 정하는 자에게 대행하게 할 수 있다(동법 제9조 제2항).

고용노동부 소속하에 산업재해보상보험 및 예방에 관한 중요사항을 심의하게하기 위하여 고용노동부에 산업재해보상보험 및 예방심의위원회(이하, 위원회라 함)를 둔다(동법 제8조 제1항).

위원회의 조직 및 운영 : 위원회는 근로자를 대표하는 자, 사용자를 대표하는 자 및 공익을 대표하는 자로 구성하되, 그 수는 각각 같은 수로 한다(동법 제8조 제2항). 위원회는 그 심의 사항을 검토 · 조정하고, 위원회의 심의를 보조하게하기 위하여 전문위원회를 둘 수 있다(제3항). 위원회 및 전문위원회의 조직과 운영에 필요한 사항은 대통령령으로 정한다(제4항).

⑵ 근로복지공단

고용노동부 장관의 위탁을 받아 제1조의 목적을 달성하기 위한 사업을 효율적으로 수행하기 위하여 근로복지공단(이하, 공단이라 함)을 설립한다(동법 제10조). 공단은 법인으로 한다(동법 제12조). 공단의 주된 사무소 소재지는 정관으로 정한다(동법 제13조 제1항). 공단은 필요하면 정관에서 정하는 바에 따라 분사무소를 둘 수 있다(동법 제13조 제2항). 공단은 그 주된 사무소의 소재지에서 설립등기를 함으로써 성립한다(동법 제15조).

공단은 다음의 사업을 수행한다(동법 제11조).

① 보험가입자와 수급권자에 관한 기록의 관리 · 유지

② 보험료징수법에 따른 보험료와 그 밖의 징수금의 징수
③ 보험급여의 결정과 지급
④ 보험급여에 관한 심사 청구의 심리 · 결정
⑤ 산업재해보상보험 시설의 설치 · 운영
⑥ 업무상 재해를 입은 근로자 등의 요양 및 재활
⑦ 재활보조기구의 연구개발 · 검정 및 보급
⑧ 근로자의 복지 증진을 위한 사업
⑨ 그 밖에 정부로 부터 위탁받은 사업
⑩ ⑤~⑥까지의 사업에 딸린 사업

3. 업무상 재해

근로기준법 및 산업재해보상 보험법은 업무상 사유로 인하여 발생한 부상 · 질병 · 장해 및 사망 등에 한하여 재해보상을 인정하고 있다. (1) 근로기준법은 산업재해의 성립요건에 대하여 아무런 규정도 두고 있지 않으며, (2) 산업재해보상 보험법은 업무상의 재해에 관하여 용어만을 정의하고 동법시행규칙에 업무상 재해의 성립요건을 규정하고 있다(동법 제5조 제1호 후단). 다음에서는 산업재해보상 보험법상의 산업재해의 성립요건을 중심으로 설명한다.

(1) 일반적 기준

산업재해가 성립하기 위해서 근로자에게 발생된 재해가 "업무상 재해"에 해당되어야 한다. 여기서 업무상 이라는 개념은 ①근로자가 업무를 수행하는 도중에 재해가 발생하였다는 의미에서의 「업무수행성」 및 ②근로자가

수행한 업무로 인하여 재해가 발생하였다는 의미의 「업무기인성」 이라는 두 가지 요건을 필요로 한다.

① 업무수행성

업무수행성이라 함은 사용자의 지휘・명령하에서 구체적인 업무를 실제로 수행하는 도중에 발생하거나 사업주가 관리하고 있는 시설물의 결함 또는 관리상의 하자로 인하여 발생한 재해를 말한다(동법시행규칙 제32조 제1호). 그러나 이에 국한하지 아니하고 업무에 부수하여 행하여질 것이 사회통념상 기대되는 행위 또는 사고로 인하여 발생한 재해도 이에 포함된다는 것이 일반적인 견해이다[12]. 여기서 업무수행중이라 함은 반드시 근로자가 현실적으로 업무수행에 종사하는 동안만 인정되는 것이 아니라 사업장에서 업무시간중 또는 그 전후에 휴식하는 동안도 이에 포함된다[13].

사업주의 지배・관리 아래서 근로자가 작업준비 중, 작업중, 작업종료 전후에 업무와 관련하여 발생한 재해는 업무상 재해로 인정하고 있다.

② 업무기인성

근로자가 담당하는 업무와 재해발생 사이에 상당한 인과관계가 있으면 업무상 재해로 인정된다. 인과관계성은 이를 주장하는 측에서 입증하여야 한다. 인과관계는 반드시 의학적·자연과학적으로 명백하여야 하는 것은 아니며 근로자의 취업당시 건강상태, 작업장에 발병물질이 있는지와 그러한 사업장에서의 근무기간, 다른 근로자에 대한 이환여부 등을 종합적으로 고려하여 판단 한다[14]. 즉 문제된 업무에 종사하지 않았다면 당해재해는 발생하지 않

12) 대판1993.119, 92누13073
13) 대판1993.3.12, 92누17471

았을 것이라고 인정되거나 문제된 업무에 종사한다면 당해재해는 발생할 것이라고 예측할 수 있을 경우에 업무기인성이 존재하게 된다.

양자의 관계에 대해서는 많은 논란이 있어 왔으나, 현실적으로 업무수행성과 기인성을 구분하는 것이 쉽지 않고 어느 한쪽에 중요성을 두거나 다른 한쪽을 배제하는 것 또한 타당치 않으므로 업무상 상당인과 관계가 있으면 업무상 재해가 인정된다고 보고 있다.[15)]

⑵ 업무상 재해의 유형

업무상 재해는 크게 「업무상 사고」 와 「업무상 질병」 의 두 가지 형태가 있다. 이를 산업재해보상 보험법 시행규칙을 중심으로 설명한다.

① 업무상 사고

사고로 인한 근로자의 사상이 다음에 해당하는 경우 이를 업무상 재해로 본다(동법 시행규칙 제32조). ㈎근로자가 근로계약에 의한 업무를 사업주의 지배·관리 하에 수행하는 상태에서 사고가 발생하거나 사업주가 관리하고 있는 시설물의 결함 또는 관리상의 하자로 인하여 사고가 발생하여 사상하였을 경우, ㈏사고와 근로자의 사상 간에 상당 인과관계가 있을 경우,

---

14) 대판1992.5.12, 92누1002

15) 대판2002.11.26, 2002두6811사건에서 원고의 나이 및 평소의 건강상태, 근무 및 생활환경, 업무의 내용 및 그 정도, 이 사건 상병의 발생 경위 등을 종합하여, 원고는 약간의 감기증상이 있는 상태에서 평소에 누적되어 온 업무상 과로 또는 스트레스가 겹치는 바람에 현기증을 일으켜 자전거와 함께 넘어짐으로써 이 사건 상병이 발생되었다 할 것이므로 비록 원고가 넘어진 장소가 사업장 밖이었고 업무수행 중 발병한 것이 아니라고 하더라도 이 사건 상병은 업무와 상당인과 관계에 있는 질병으로서 업무상 재해에 해당한다.

㈐ 근로자의 고의・자해행위나 범죄행위 또는 그것이 원인이 되어 발생한 사상이 아닐 경우이다. 다만, 다음에 해당하는 자가 정신장해로 인하여 정상적인 인식능력이나 행위선택능력 또는 정신적 억제력이 현저히 저하된 상태에서 자살행위로 인하여 사상하였다는 의학적 소견이 있는 경우에는 그러하지 아니하다. 즉, 업무상 스트레스로 인하여 정신과 치료를 받은 자 및 업무상 재해로 인하여 요양 중인 자이다.

㈎ 작업장 내 재해

작업장 내에서 발생한 재해의 경우에는 사업주의 지배・관리 하에 수행하는 업무성이 강하거나 관리 하에 있는 시설물 결함에 의한 경우가 많다. 작업장이라 함은 생산시설 뿐만 아니라 구내도로, 구내 식당내, 구내식당으로 가는 도중, 구내식당에서 근무처로 가는 도중, 기숙사 또는 기업내 숙소 등 부대시설도 사업주의 지휘・명령의 범위가 미치는 곳이라면 작업장내로 본다. 다만, 사업주가 월세방 등 시설물만 대여해 주고 관리권이 근로자 개인에게 전속되어 있다면 그렇지 않다.

작업장 내에서 발생한 재해라고 하더라도 업무 이탈행위・자해행위・사적인 행위는 업무상 재해로 인정되지 않는 것이 원칙이나 그러한 행위가 생리현상 또는 이와 유사한 필요에 의하여 행해진다거나 업무에 수반하여 필요적 또는 합리적 행위일 경우에는 업무상 재해로 인정된다.

㈏ 작업장 외 재해

작업장 외라 하더라도 사업주의 지배·관리 아래에 있는 등 업무상 상당인과관계가 인정될 때는 업무상 재해가 될 수 있다. 근로자가 작업장을 떠나 출장 중일 경우에는 그 용무의 완성이나 수행방법 등에 있어서 포괄적으로 사업주가 책임을 지고 있다고 할 것이므로 특별한 사정이 없는 한, 일단 출장과정의 전반에 걸쳐 사업주의 지배하에 있다고 말할 수 있고 따라서 그 업무수행성을 인정할 수 있다. 그러므로 출장 중의 행위가 출장에 당연히 또는 통상적으로 수반하는 범위내의 행위가 아닌 자의적 행위나 사적 행위일 경우에는 업무수행성·업무기인성 즉 업무상 상당인과 관계를 인정할 수 없다[16].

(a) 출·퇴근

출·퇴근 중의 근로자는 그 방법과 경로를 선택할 수 있어 사용자의 지배 또는 관리 하에 있다고 볼 수 없다. 따라서 사업주가 제공한 교통수단을 근로자가 이용하거나 또는 사업주가 제공한 교통수단을 이용하도록 하는 등 근로자의 통근과정이 사업주의 지배·관리 하에 있다고 볼 수 있는 경우이어야 한다[17].

그러므로 회사가 특정한 교통편을 지정하여 이를 이용케 한 경우 이와 관련하여 발생한 재해도 업무상으로 인정된다. 반면, 개인소유차량을 이용하여 출근하던 중에 재해를 입은 경우 이는 개인에게 유지·관리권이 있는 차량으로 사업주의 지배·관리하에 있지 않으므로 사업주가 교통비를 지급하더라도 업무상으로 인정되지 않는 것이 원칙이다[18].

그러나 회사가 제공한 귀향버스를 이용하다가 발생한 재해의 경우에는 귀향 자체는 업무상이라고 할 수 없으나, 사업주가 귀향 근로자의 교통편의를 위해 사업장소속 차량을 제공한 것으로 이는 사업주의 사용종속관계 즉 지

16) 대판2002.9.4, 2002두5290
17) 대판1993.5.11, 92누16805, 대판1994.6.14, 93누24155
18) 대판1994.2.25, 92누13073

배 · 관리 아래 있다고 보아 업무상 재해로 인정함이 타당하다[19].

결론적으로 근로자가 출 · 퇴근하는 도중에 발생한 사고로 인하여 사상한 경우로서 다음 요건에 해당하면 근로자가 사업주의 지배 · 관리 하에 있다고 인정하고 있었다. "사업주가 소속 근로자들의 출 · 퇴근용으로 제공한 교통수단의 이용 중에 발생한 사고 또는 사업주가 제공한 교통수단에 대한 관리 · 이용권이 근로자 측에 전담되어 있지 아니할 것" 등이다.

(b) 출장

근로자가 작업장을 떠나 출장 중일 경우에는 그 용무의 완성이나 수행방법 등에 있어서 포괄적으로 사업주가 책임을 지고 있다고 할 것이므로 특별한 사정이 없는 한 일단 출장과정의 전체가 사업주의 지배하에 있다고 말할 수 있고 따라서 그 업무수행성을 인정할 수 있다.

그러나 사적 · 자의적 행위가 출장에 당연히 또는 통산적으로 수반하는 범위내의 행위가 아닌 자의적 행위나 사적 행위일 경우에는 업무수행성, 업무기인성 즉 업무의 상당인과 관계를 인정할 수 없다[20]. 그러나 자가용 승용차를 이용하여 일반 출장업무를 수행한 것을 사업주가 묵시적 · 명시적으로 인정한 것이라면 합리적인 순로를 이탈하지 아니하였다면 업무와 상당인과 관계가 있다고 해석하고 있고 이 경우 순로를 이탈하였더라도 이탈 전 행위에 대해서는 업무상 재해로 인정된다[21].

(c) 각종행사

19) 하갑래, 근로기준법, p992.
20) 대판2002.9.4, 2002두5290
21) 서울행판2006.6.14, 2006구합

근로자가 근로계약에 의하여 통상 종사할 의무가 있는 업무로 규정되어 있지 아니한 회사 외의 행사나 모임에 참가하던 중 재해를 당한 경우, 이를 업무상 재해로 인정하려면 우선 그 행사나 모임의 주최자, 목적, 내용, 참가인원과 그 강제성 여부, 운영방법, 비용부담 등의 사정에 비추어 사회통념상 그 행사나 모임에 근로자의 참여가 노무관리 또는 사업운영상 필요하다고 인정되어야 하고 또한 근로자가 그와 같은 행사나 모임의 순리적인 경로를 일탈하지 아니한 상태에 있어야 한다[22].

그러나 근로자가 운동경기, 야유회, 등산대회, 회식, 위탁교육, 사원연수 및 훈련 등 각종행사 중 또는 행사참가를 위한 준비연습 중에 발생한 사고가 다음 요건에 해당하면 재해와 행사간의 상당인과 관계를 인정할 수 없는 명백한 사유가 없는 한 업무상 재해로 본다. "사업주가 행사에 참여하는 근로자에 대하여 행사당일을 출근한 것으로 처리하는 경우, 사업주가 근로자에 대하여 행사에 참여하도록 지시하는 경우, 사업주에게 행사참여에 대한 사전보고를 통하여 사업주의 참가승인을 얻은 경우, 위에 준하는 경우로 통상적·관례적인 행사에 참여하는 경우" 등이다.

㈐ 작업시간 중의 재해

근로자가 작업시간 중에 아래의 행위를 하다가 발생한 사고로 사상(死傷)한 때에는 사적 행위, 자의적인 행위 등 상당인과 관계로 볼 수 없는 명백한 사유가 없는 한 업무상 재해로 본다.

(a) 작 업, (b) 용변 등 생리적 필요행위, (c) 작업준비 · 마무리 행위 등 작업

22) 대판1995.5.26, 94다60509 사건에서 "사용자가 주재하던 정례회식으로 사용자의 지배 · 관리하에 있는 것이라면 업무상 재해가 되나 사용자가 자리를 떠난 후 근로자끼리 별도의 2차 모임을 하다가 발생한 사고인 경우에는 비록 회사차량을 이용하였다 하더라도 순리적인 경로를 이탈한 것으로 업무상 재해가 아니라고 판단하였다.

에 수반하는 필요적 부수행위 등이다.

또한 작업장소로의 이동, 작업도구 점검·이동 등 작업준비행위, 일·숙직 근로 등과 같이 실 근로에 부속된 작업이 사용자의 지시에 의해 이루어지는 상태에서 재해근로자의 사적 동기가 재해의 주원인이 아니라면 업무상 재해로 인정될 수 있다. 그러나 근로시간중이라 하더라도 임의대리 근무나 음주행위와 같은 업무이탈 행위, 자해행위, 회사설비 임의사용, 사용자의 지시 없는 임의근무, 본인의 개인 업무 또는 타인의 개인 업무를 돕는 행위, 업무중간에 사적인 목적으로 한 행위와 같은 사적인 행위인 경우에는 업무상 재해로 인정되지 않는다. 그렇지만 사적행위로 인하여 재해가 발생하였다 하더라도 시설물의 설치·관리의 잘못이라는 시설물의 흠과 경합이 될 때는 업무상 재해로 인정된다.

㈑ 작업시간 외의 재해

근로자가 사업장 내에서 작업시간 외의 시간을 이용하여 작업·용변 등 생리적 필요행위, 작업준비·마무리행위 등 작업에 수반하는 부수적 행위를 하고 있을 때 발생한 사고에 대해서는 작업시간 중의 사고에 준하여 해석한다. 그러므로 사업주가 근로자에게 제공한 휴게시간 중에 사업장내에서 사회통념상 휴게시간 중에 할 수 있다고 인정되는 행위로 인하여 사상한 경우에는 취업규칙 등을 위반하거나 고의·자해 및 범죄행위 또는 그것이 원인이 되어 사상한 경우가 아닌 한, 이를 업무상 재해로 본다.

사용자의 지시 없이 휴무일에 나와 근로를 제공한 것이 개인적인 이유에서였다면 업무상 재해로 볼 수 없으나 지시가 있었거나 지시가 없었더라도 휴무일에 정상업무가 관행으로 행하여졌거나 다음 작업의 준비 또는 잔무처리처럼 사적인 행위가 아닌 것이 명확하다면 업무상 재해로 볼 수 있다. 따라서 집에서 급성심장마비 등으로 사망하더라도 과로와 스트레스 외에 돌연사를 유발할 만한 원인이 밝혀지지 않았다면 사망과 업무사이에 상당한 인과관계가 인정될 수도 있다[23].

② 업무상 질병

㈎ 원 칙

업무상 질병은 독성·소음·가스 등의 유해 작용이 서서히 이루어짐으로 인해 업무와 상당한 인과관계가 있는지를 정확히 파악하기가 곤란하다. 근로기준법시행령 제40조는 업무상 질병을 38호에 걸쳐 열거하고 있다.

산업재해보상보험법 시행규칙 제33조는 아래와 같은 판단기준을 제시하고 있는데 38개의 업무상 질병으로서 아래 요건에 해당하면 업무상 요인에 의해 이환된 질병이 아니라는 명백한 반증이 없는 한, 이를 업무상 질병으로 본다.

(a) 근로자가 업무수행 과정에서 유해요인을 취급하거나 이에 폭로된 경력이 있을 것, (b) 유해요인을 취급하거나 이에 폭로될 우려가 있는 업무를 수행함에 있어서 작업시간, 근무시간, 폭로량 및 작업환경 등에 의하여 유해인자의 폭로정도가 근로자의 질병 또는 건강장해를 유발할 수 있다고 인정될 것, (c) 유해요인에 폭로되거나 취급방법에 따라 영향을 미칠 수 있는 신체부위에 그 유해인자로 인하여 특이한 임상증상이 나타났다고 의학적으로 인정될 것, (d) 질병에 이환되어 의학적인 요양의 필요성이나 보험급여 지급사유가 있다고 인정될 것 등이다.

또한 업무상 부상으로 인하여 질병에 이환된 근로자의 상태가 다음 요건에

23) 서울고판 1997.4.3, 96구27218

해당하는 때에는 업무상 질병으로 인정할 수 없는 명백한 사유가 없는 한, 근로기준법시행령 제40조 제1항의 규정에 의한 업무상의 부상에 기인하는 질병으로 본다.

(a) 부상으로 인한 신체의 손상과 질병 간에 신체부위 및 시간적·기능적 관련성이 의학적으로 인정될 것, (b) 부상의 원인 · 정도 · 상태 등이 질병의 원인임이 의학적으로 인정될 것, (c) 기초질환 또는 기존질병이 있는 근로자의 경우 그 질환 또는 질병이 자연발생적으로 나타난 증상이 아닐 것 등이다.

(나) 구체적 판단기준

산업재해보상 보험법시행규칙 제39조는 업무상 질병을 다음 22가지로 분류하여 그 판단기준을 제시하고 있다. 즉 질병의 주된 발생 원인이 업무수행과 직접적인 관계가 없다 하더라도 열악한 작업환경·철야근무 등 업무상 과로가 겹쳤다면 업무상 재해에 해당될 수 있다[24]. 또한 상사로부터 심한 질책을 받고 정신적 긴장상태가 고조되어 급성 심장질환이 유발됨으로써 발생한 사망 등도 업무상 재해에 해당된다[25]. 그리고 뇌졸증이나 B형간염이 업무와 직접 관련이 없다하더라도 감염된 이후 인원충원 없이 과중한 업무가 지속되는 등 육체적 과로와 스트레스가 지속되어 질병이 자연적인 속도 이상으로 악화되어 사망하였다면 이는 업무상 질병으로 인한 재해로 인정될 수 있다[26].

그러나 전자파 노출의 경우 백혈병 발병에 나쁜 영향을 미친다는 의학적 근거가 뚜렷하지 않으므로 양자 간에 상당인과 관계를 인정할 수 없다[27].

---

24) 대판1997.7.29, 96누37482
25) 대판1993.6.17, 92구8893
26) 대판2001.7.27, 2000두4538

4. 보험급여의 종류

산업재해보상보험법에 있어서의 요양급여는 요양비의 전액으로 하며 근로복지공단이 설치한 보험시설 또는 지정된 의료기관에서 요양을 하게 한다. 다만, 부득이한 경우에는 요양에 갈음하여 요양비를 지급할 수 있다.

① 요양급여는 매월 1회 이상 지급하여야 한다. ② 산업재해보상보험법 제40조 및 같은 법 시행령 제28조에 의해 요양은 근로복지공단이 설치한 보험시설 또는 공단이 지정한 의료기관에서 행한다. 다만, 인근에 지정 의료기관이 없거나 지정 의료기관이 시설・장비를 갖추지 못하여 그 근로자의 요양에 적합하지 않다고 인정되는 때에는 다른 보험시설 또는 의료기관을 지정하여 요양하게 할 수 있다. ③ 요양환자의 상병이 완치되었거나 계속하여 치료를 하더라도 의학적인 효과를 기대할 수 없게 되고 그 증상이 고정 상태에 이르렀다는 의학적인 소견이 있으면 치료를 종결할 수 있다. ④ 상병이 완치되었거나 장해보상금을 수령한 후라도 부상 또는 질병이 재발하거나 치유당시 보다 사태가 악화되어 이를 치유하기 위한 적극적인 치료가 필요하고 그 사유가 당초의 상병과 인과관계가 있다는 의학적인 소견이 있을 경우에는 재요양이 가능하다. ⑤ 부상 또는 질병이 3일 이내의 요양으로 치유될 수 있는 때에는 요양급여를 지급하지 않는다. 이 경우 근로기준법에 따라 사용자가 요양보상을 해야 한다.

(1) 휴업급여

---

27) 대판2001.3.9, 2000두8806

산업재해보상보험법 제41조는 휴업급여는 요양으로 인하여 취업하지 못한 기간 중 1일에 대하여 평균임금의 100분의 70에 상당하는 금액으로 한다고 규정하고 있으며 근로복지공단에 신청한다. 다만, 산업재해보상보험법은 단서 규정을 두어 취업하지 못한 기간이 3일 이내인 때에는 휴업급여를 지급하지 아니하도록 하고 있다. 이 경우 근로기준법에 따라 사용자가 휴업보상을 하게 된다.

휴업급여는 요양으로 인하여 취업할 수 없다는 의학적인 소견이 있을 경우에 당해 기간에 대해 지급하는 것이다. 그러므로 휴업급여를 받고자 하는 자는 사업주, 의료기관, 청구인의 확인·날인 후 신청서를 관할 근로복지공단에 제출한다. 2회분 청구 시 부터는 사업주의 확인을 생략할 수 있다.

적법한 휴업급여 청구가 있는 상태에서 사업주가 휴업급여 청구서에 재해보상을 지급한다는 의사표시 없이 근로자에게 금품을 지급한 경우에는 이를 부조적 지원으로 보아야 하며 휴업급여에 영향을 미치지 않는 것이 원칙이다. 다만, 임금이 지급되는 취업 치료기간에 대하여는 휴업급여가 지급되지 않는다. 또한 재요양이 필요하다는 의학적 소견이 있더라도 실제로 재요양을 개시한 날로부터 휴업 급여가 지급된다.

(2) 장해급여

① 장해급여 일시금

장해급여는 장해등급에 따라 연금 또는 일시금으로 지급하되 그 등급기준은 산업재해보상보험법시행령 제31조 [별표 2]에서 명시하고 있다. 장해 급여표는 산업재해보상보험법 제42조 [별표 1]에서 열거하고 있으며 장해급여 일시금의 수준은 근로기준법보다 10% 높게 규정하고 있다.

② 장해보상 연금

산업재해보상보험법에서는 장해가 제7급 이상인 경우에는 수급권자의 선택에 의하여 장해보상 일시금 대신 장해보상 연금을 지급받을 수 있도록 하며 이 중 제3급 이상 즉 노동력을 완전히 상실한 자에 대하여는 연금으로 지급하도록 하고 있다. 장해보상 연금은 수급권자의 선택에 따라 최초 1~2년분을 선급(先給)할 수 있으며 제3급 이상 장해근로자는 최초 1~4년분을 선급할 수 있다.

③ 장해특별 급여

보험가입자의 고의 또는 과실로 발생한 업무상 재해로 인하여 산업재해보상보험법 시행령 [별표 2]에 규정된 제1급 내지 제3급의 장해등급에 해당하는 장해가 발생한 경우 장해급여 외에 장해특별 급여를 보험금에서 지급할 수 있다.장해특별급여는 당사자 간에 합의가 있는 경우에 인정(특별급여를 받은 수급권자는 보험가입자에게 민법 기타 법령규정에 의한 손해배상청구를 할 수 없음)되며 근로복지공단이 장해특별 급여를 지급할 때는 급여액 전체를 보험 가입자로부터 징수하게 된다.

(3) 유족급여

① 의의

유족급여는 연금지급을 원칙으로 하되 수급권자가 원하는 경우 유족보상 일시금의 50%를 일시금으로 지급하고, 연금은 50%를 감액하며 연금수급 자격자가 없거나 외국에 거주하는 등 연금지급이 곤란한 경우에 예외적으로 일시금을 지급한다. 유족보상 일시금은 평균임금의 1,300일 분이다.

유족보상급여는 업무상 부상 · 질병으로 인하여 사망한 경우에 유족에게 지급한다. 부상 · 질병이 치유된 후 다시 악화되어 사망한 경우도 유족보상 대상이 된다. 또한 유족보상은 근로자의 사망 후 지체 없이 행하여야 한다.

② 유족보상연금의 수급자격자

산업재해보상보험법상 유족인 수급권자는 유족보상 연금을 받을 수 있다. 유족보상연금의 수급자격자는 배우자·자녀·부모·손·조부모 또는 형제자매 중 근로자의 사망당시 그에 의하여 부양되고 있던 자로서 처(사실상 혼인관계에 있는 자를 포함) 이외에는 근로자의 사망당시에 다음과 같은 요건을 갖추어야 한다.

(a) 남편(사실상 혼인관계에 있는 자를 포함)·부모 또는 조부모로서 60세 이상, (b)자녀 또는 손에 있어서는 18세 미만, (c) 형제자매에 있어서는 18세 미만 또는 60세 이상, (d) 위의 요건에 해당하지 아니하는 남편·자녀·부모·손·조부모 또는 형제자매에 있어서는 같은 법 시행령 [별표 2]의 신체장해등급표의 제3급 이상에 해당하는 신체장해가 있을 것 등이다.

위 요건을 갖춘 자 중에서 연금수급 자격은 배우자·자녀·부모·손·조부모 및 형제자매의 순서에 의한다.

(4) 장의비

장의비는 평균임금의 120일분에 상당하는 금액으로 한다. 장의비가 노동부장관이 매년 고시하는 최고금액을 초과하거나 최저금액에 미달하는 경우에는 그 최고금액 또는 최저금액을 장의비로 한다.

(5) 간병급여

치료종결 후에도 의학적으로 상시 또는 수시로 간병이 필요하여 실제로 간병을 받는 장해 1·2급의 중증 장해자에게는 산업재해보상보험법 제42조의 3에 의해 간병급여를 지급한다. 간병급여는 상병상태에 따라 상시 간병급여와 수시 간병급여로 구분되며 상시간 병급여는 가족 간병료 전액을, 수시간 병급여는 상시간병급여의 3분의 2에 해당하는 금액을 지급한다. 다만, 간병급여 지급대상자가 무료요양소 등에 입소하여 간병비용을 지출하지 아니하거나 지출한 간병비용이 간병급여에 미달한 경우에는 실제비용만 지급한다.

재요양 중에는 간병료를 지급하므로 종결 시까지 간병급여는 지급하지 않는다.

5. 구 제

(1) 심사청구

보험급여에 관한 결정에 대하여 불복이 있는 경우 당해 결정을 행한 공단의 소속기관을 거쳐 공단에 심사청구를 할 수 있으며 심사청구는 보험급여에 관한 결정이 있음을 안 날로부터 90일 이내에 하여야 한다. 보험급여에 관한 결정에 대하여는 행정심판을 제기할 수 없다. 심사청구서를 받은 공단 소속기관은 이를 5일 이내에 공단에 송부하여야 하며 근로복지공단은 심사청구서를 송부 받은 날로부터 50일 이내에 심사청구에 대한 결정을 하여야 한다. 다만, 부득이한 경우에는 1차에 한하여 10일이 넘지 않는 범위 내에서 그 기간을 연장할 수 있다.

(2) 재심사청구

심사청구에 대한 결정에 불복이 있는 자는 산업재해보상보험법 제91조의 규정에 의한 산업재해보상 보험심사위원회에 재심사 청구를 할 수 있다. 재심사청구는 심사청구에 대한 결정이 있음을 안 날로부터 90일 이내에 보험급여에 관한 결정을 행한 근로복지공단의 소속기관을 거쳐 제기해야 하며 재심사청구에 대한 결정기간은 심사청구와 같다.

(3) 민사소송

재해보상에 불만이 있는 자는 행정기관에 이의신청을 하는 것과는 별개로 민사소송을 제기할 수 있다. 또한 법에 의해 보상을 받았다 하더라도 추가로 민사소송을 제기할 수 있다.

제5절 고용보험법

1. 고용보험법의 개요

(1) 고용안정

고용보험은 ① 실직 근로자에게 지급하는 실업보험사업. ② 근로자의 취업 촉진과 고용안정을 위한 고용 안정사업 및 ③ 근로자의 근로능력을 향상시키기 위한 작업능력 개발사업을 상호 연계하여 실시하는 사회보험 제도 중에 하나이다. 실업보험사업이 실직자의 생계를 지원하여 고용보험 중에서 가장 중요하고 본질적인 사업의 위치를 차지하고 있지만 사후적, 소극적인 사업이다. 이에 반하여 고용안정 사업 및 직업능력개발 사업은 실업의 예방, 고용안정, 취업기회의 제고, 및 노동시장의 구조개편을 포함하는 사전적 · 예방적 사업이다. 따라서, 고용보험 사업은 사후적인 실업보험사업과 사전적인 고용안정 사업 및 직업능력개발 사업을 포함하는 포괄적인 노동시장 정책을 내포하는 사회보험 제도이다.

(2) 고용보험의 기능

① 실업근로자의 생활안정 지원

고용보험제도의 가장 주요한 기능은 실업급여를 지급하여 실엽자 및 가족들의 생활 안정을 도모하는 것이다.

② 실업근로자의 재취업 촉진

고용보험제도는 실업근로자의 생활안정에 그치는 것이 아니라 이들이 재취업하여 스스로 소득을 확보하는 기능을 수행하고 있다. 실업근로자에 대한 취업촉진 수당지급, 공공직업안정 기관을 통한 취업기회 부여, 직업상담, 고용정보제공 및 직업훈련 안내 등을 통하여 실업근로자의 재취업을 촉진하고 있다. 또한, 고용창출 및 고용촉진을 하는 기업을 지원하여 고용을 확대하는 기능을 수행한다.

③ 근로자에 대한 교육훈련의 실시

고용보험 제도는 기업의 자율적인 교육훈련을 활성화하고 이를 지원하여 근로자의 노동생산성 향상과 고용안정을 도모하는 기능을 수행한다. 교육훈련은 실직 근로자에게 재취업할 수 있는 지식과 능력을 배양함은 물론 다른 직종으로의 재배치 및 전환이 가능하도록 하는 역할을 하고 있다.

④ 구조조정의 원활화 및 산업구조의 선진화

고용보험제도는 사양 산업 근로자에 대한 교육훈련 및 기업의 고용조정 지원 등을 통하여 근로자의 재배치 및 산업구조의 선진화 조정을 용이하게 하는 기능을 수행하고 있다. 고용보험제도는 낙후된 저 생산 저부가가치 산업에서 고 생산 고부가가치 산업으로의 인력이동을 통하여 취업기회의 확대, 인력구조의 고도화 및 기업의 경영합리화를 제고하는 역할을 하고 있다.

(3) 담당기관

① 보험의 관장

고용보험은 고용노동부 장관이 관장한다(동법 제3조).

② 보험 관련 조사 · 연구

고용노동부 장관은 노동시장 · 직업 및 직업능력개발에 관한 연구와 보험 관련 업무를 지원하기 위한 조사 · 연구 사업 등을 할 수 있다(동법 제11조 제1항).

고용노동부 장관은 필요하다고 인정하면 상기 업무의 일부를 대통령령으로 정하는 자에게 대행하게 할 수 있다(동법 제11조 제2항).

③ 보험사업의 평가

고용노동부 장관은 보험 사업에 대하여 상시적이고 체계적인 평가를 하여야 한다(동법 제11조의2 제1항).

고용노동부 장관은 상기 평가의 전문성을 확보하기 위하여 대통령령으로 정하는 기관에 상기 평가를 의뢰할 수 있다(동법 제11조의2 제2항).

고용노동부 장관은 상기 평가 결과를 반영하여 보험 사업을 조정하거나 제81 조에 따른 기금운용 계획을 수립하여야 한다(동법 제11조의2 제3항).

④ 국제교류 · 협력

고용노동부 장관은 보험 사업에 관하여 국제기구 및 외국 정부 또는 기관과 의 교류 · 협력 사업을 할 수 있다(동법 제12조).

⑤ 시범사업의 실시

고용노동부 장관은 보험 사업을 효과적으로 시행하기 위하여 전면적인 시행에 어려움이 예상되거나 수행방식 등을 미리 검증할 필요가 있는 경우 대통령령으로 정하는 보험 사업은 시범사업을 할 수 있다(동법 제114조 제1항).

고용노동부 장관은 상기 시범사업에 참여하는 사업주, 피보험자 등 및 직업 능력개발 훈련 시설 등에 재정 · 행정 · 기술 그 밖에 필요한 지원을 할 수 있다(동법 제114조 제2항).

상기 시범사업의 대상자 · 실시지역 · 실시방법과 지원내용 등에 관하여 필요한 사항은 고용노동부 장관이 정하여 고시한다(동법 제114조 제3항).

2. 적용범위 및 피보험자

(1) 적용범위

고용보험법은 근로자를 사용하는 모든 사업 또는 사업장(이하, 사업이라 함)에 적용한다(동법 제8조 본문). 이를 “당연가입 사업”이라 한다. 고용보험법을 적용받는 사업의 사업주와 근로자는 당연히 고용보험의 보험가입자가 된다(보험료 징수법 제5조 제1항).

① 적용배제

산업별 특성 및 규모 등을 고려하여 대통령령으로 정하는 사업에 대하여는 적용하지 아니한다(동법 제8조 단서).

② 임의가입 및 의제가입

고용보험법을 적용하지 아니하는 사업의 사업주가 근로자의 과반수의 동의를 받아 공단의 승인을 받으면 그 사업의 사업주와 근로자 고용보험에 가입 할 수 있다(보험료징수법 제5조 제2항). 이를 “임의가입사업”이라 한다.

③ 적용배제 근로자

다음의 어느 하나에 해당하는 근로자에게는 이 법을 적용하지 아니한다(동법 제10조 본문). 다만, ㈎의 근로자에 대한 고용안정 · 직업능력개발 사업에 관하여는 그러하지 아니하다(동법 제10조 단서).

㈎ 65세 이상인 자

㈏ 소정근로시간이 대통령령으로 정하는 시간 미만인 자

㈐ 국가공무원법과 지방공무원법에 따른 공무원. 다만, 대통령령으로 정하는 바에 따라 별정직 및 계약직 공무원의 경우는 본인의 의사에 따라 고용보험에 가입할 수 있다

㈑ 사립학교교직원 연금법의 적용을 받는 자

㈒ 그 밖에 대통령령으로 정하는 자

(2) 피보험자

① 피보험자격의 취득일

피보험자는 동법이 적용되는 사업에 고용된 날에 피보험자격을 취득한다(동법 제13조 제1항 본문). 다만, 다음의 경우에는 각각 그 해당되는 날에 피보험자격을 취득한 것으로 본다(동법 제13조 제1항 단서).

㈎ 제10조에 따른 적용 제외 근로자였던 자가 이 법의 적용을 받게 된 경

우에는 그 적용을 받게 된 날

㈏ 보험료징수법 제7조에 따른 보험관계 성립일 전에 고용된 근로자의 경우에는 그 보험관계가 성립한 날

② 피보험자격의 상실일

피보험자는 다음 각 호의 어느 하나에 해당하는 날에 각각 그 피보험자격을 상실한다(동법 제14조 제1항).

㈎ 피보험자가 제10조에 따른 적용제외 근로자에 해당하게 된 경우에는 그 적용 제외 대상자가 된 날

㈏ 보험료징수법 제10조에 따라 보험관계가 소멸한 경우에는 그 보험관계가 소멸한 날

㈐ 피보험자가 이직한 경우에는 이직한 날의 다음 날

㈑ 피보험자가 사망한 경우에는 사망한 날의 다음 날

3. 사업의 종류 및 내용

(1) 사업의 종류

고용보험은 목적을 이루기 위하여 고용보험 사업으로 고용안정 · 직업능력개발 사업, 실업급여, 육아휴직 급여 및 산전후 휴가급여 등을 실시한다(동법 제4조 제1항). 종전에는 고용안정 사업 및 직업능력개발 사업이 분리되어 있었으나, 고용안정 · 직업능력개발 사업으로 통합되었다.

(2) 실업급여

실업급여는 구직급여와 취업촉진 수당으로 구분한다(동법 제37조 제1항). 취업촉진 수당의 종류는 ㈎ 조기재취업 수당, ㈏ 직업능력개발 수당, ㈐ 광역 구직활동비 및 ㈑ 이주비 등이 있다(동법 제37조 제2항).

① 구직급여

구직급여의 수급요건은 이직한 피보험자가 다음의 요건을 모두 갖춘 경우에 지급한다. 다만, ㈒ 및 ㈓는 최종 이직당시 일용근로자였던 자에만 해당한다(동법 제40조 제1항).

㈎ 이직일 이전 18개월간(이하, 기준기간이라 함)에 피보험 단위기간이 통산하여 180일 이상일 것

㈏ 근로의 의사와 능력이 있음에도 불구하고 취업(영리를 목적으로 사업을 영위하는 경우를 포함 함)하지 못한 상태에 있을 것

㈐ 이직사유가 제58조에 따른 수급자격의 제한사유에 해당하지 아니할 것

㈑ 재취업을 위한 노력을 적극적으로 할 것

㈒ 제43조에 따른 수급자격 인정 신청일 이전 1개월 동안의 근로일수가 10일 미만일 것

㈓ 최종 이직일 이전 기준기간의 피보험 단위기간 180일 중 다른 사업에서 제58조에 따른 수급자격의 제한사유에 해당하는 사유로 이직한 사실이 있는 경우에는 그 피보험 단위기간 중 90일 이상을 일용근로자로 근로하였을 것

② 예 외

다음의 경우에는 수급자격이 인정되지 아니 한다.

고용보험법 제58조(이직사유에 따른 수급자격의 제한) 제40조에도 불구하고 피보험자가 다음 각 호의 어느 하나에 해당한다고 직업안정기관의 장이 인정하는 경우에는 수급자격이 없는 것으로 본다.

㈎ 중대한 귀책사유로 해고된 피보험자로서 다음 각 목의 어느 하나에 해당하는 경우

(a) 형법 또는 직무와 관련된 법률을 위반하여 금고 이상의 형을 선고 받은 경우

(b) 사업에 막대한 지장을 초래하거나 재산상 손해를 끼친 경우로 고용노동부령으로 정하는 기준에 해당하는 경우

(c) 정당한 사유 없이 근로계약 또는 취업규칙 등을 위반하여 장기간 무단결근한 경우

㈏ 자기 사정으로 이직한 피보험자로서 다음 각목의 어느 하나에 해당하는 경우

(a) 제1호의 중대한 귀책사유가 있는 자가 해고되지 아니하고 사업주의 권고로 이직한 경우

(b) 그 밖의 고용노동부령으로 정하는 정당한 사유에 해당하지 아니 하는 사유로 이직한 경우

③ 취업촉진수당

취업촉진 수당의 종류는 다음과 같다. ㈎ 조기재취업 수당, ㈏ 직업능력개발 수당, ㈐ 광역 구직활동비 및 ㈑ 이주비 등이 있다(동법 제37조 제2항).

④ 육아휴직 급여

고용노동부장관은 남녀고용평등 및 일 가정 양립지원에 관한 법률 제19조에 따른 육아휴직을 30일(제74조에 따른 출산전후 휴가기간 90일과 중복되는 기간은 제외 함) 이상 부여받은 피보험자 중 다음의 요건을 모두 갖춘 경우에 육아휴직 급여를 지급한다(동법 제70조제1항).

㈎ 육아휴직을 시작한 날 이전에 제41조에 따른 피보험 단위기간이 통산하여 180일 이상일 것

㈏ 같은 자녀에 대하여 피보험자인 배우자가 30일 이상의 육아휴직을 부여받지 아니하거나 남녀고용평등과 일 · 가정 양립지원에 관한 법률 제19조의 2에 따른 육아기 근로시간 단축을 30일 이내에 신청해야한다.

⑤ 출산전후 휴가급여

종전의 근로기준법상 산전후 휴가 기간은 60일이었으나, 2001년에 근로기준법, 남녀고용평등법 및 고용보험법의 모성 3법을 개정하여 산전후휴가 기간을 60일에서 90일로 확대하고 확대된 30일에 대하여는 휴기급여를 고용보험에서 부담하도록 하였다. 2005년 모성 3법을 다시 개정하여 우선 지원 대상 사업에 대하여는 휴가급여를 90일로 확대지급하고 있다.

4. 비용부담 및 보험료

(1) 국고의 부담

국가는 매년 보험 사업에 드는 비용의 일부를 일반회계에서 부담할 수 있다(동법 제5조 제1항). 국가는 매년 예산의 범위에서 보험사업의 관리 · 운영에 드는 비용을 부담 할 수 있다(동법 제5조 제2항).

(2) 보험료

동법에 따른 보험 사업에 드는 비용을 충당하기 위하여 징수하는 보험료와 그 밖의 징수금에 대하여는 보험료 징수법으로 정하는 바에 따른다(동법 제6조 제1항). 보험료징수법 제13조 제1항 제1호에 따라 징수된 고용안정 · 직업능력개발 사업의 보험료 및 실업급여의 보험료는 각각 그 사업에 드는 비용에 충당한다(동법 제6조 제2항 본문). 다만, 실업급여의 보험료는 육아휴직 급여 및 산전후휴가 급여 등에 드는 비용에 충당할 수 있다(동법 제6조 제2항 단서).

제2항에도 불구하고 자영업자인 피보험자로부터 보험료징수법 제49조의2에 따라 징수된 고용안정 · 직업능력개발 사업의 보험료 및 실업급여의 보험료는 각각 자영업자인 피보험자를 위한 그 사업에 드는 비용에 충당한다(동법 제6조 제3항). 동법에 따른 보험관계의 성립 및 소멸에 대하여는 보험료징수법으로 정하는 바에 따른다.

제 3 장 공공 부조법

제1절 공공부조의 개념

공공부조의 개념에 대하여는 국가와 학자마다 서로 다양한 견해를 제시하고 있다. 여러 견해들을 종합해보면 공공부조는 (1) 저소득층 또는 빈곤층인 생활무능력자 등을 대상으로 하며, (2) 소득 및 재산 등의 자산조사를 실시하여 생활무능력자인 대상을 선정하고, (3) 이들에게 무기여의 원칙에 따라 무상으로 급여가 지급되며, (4) 정부의 책임 하에 주관 운영되는 사회보장제도 중의 하나로 정의될 수 있다[1].

우리나라의 사회보장 기본법은 이러한 견해를 반영하여 공공부조라 함은 국가 및 지방자치단체의 책임 하에 생활유지 능력이 없거나 생활이 어려운 국민의 최저생활을 보장하고 자립을 지원하는 제도를 말한다(동법 제3조 제3호). 고 규정하고 있다.

2차 세계대전 이후 일부 유럽 국가에서는 "공공부조"라는 개념 대신 "사회부조"라는 개념이 사용되고 있다. 사회부조라는 용어는 종래 급여의 자선적·은혜적 성격이 강한 공공부조라는 용어를 탈피하여 급여의 권리성을 반영한 개념으로 공공부조의 개념을 현대적으로 한 단계 발전시킨 것으로 해석되기도 한다.

1) 이상윤, 전게서, p 556.

1. 공공부조의 기본원리

(1) 최저생활수준의 보장원칙

공공부조제도는 국민의 최저생활을 보장하는 것을 제도의 목적으로 하고 있다. 국민의 최저생활의 개념 및 수준에 관하여는 다양한 견해가 제시되고 있다.

사회보장 기본법의 기본이념은 "사회보장은 모든 국민이 인간다운 생활을 할 수 있도록 최저생활을 보장하고"라고 규정하고 있다(동법 제2조). 또한 동법 제10조 제2항은 "국가는 관계법령에서 정하는 바에 따라 최저생계비를 매년 공표하여야 한다."라고 규정하고 동법 제10조 제3항은 "국가 또는 지방자치 단체는 최저생계비와 최저임금법에 의한 최저임금을 고려하여 사회보장 급여의 수준을 결정하여야 한다. 라고 규정하여 최저생활의 보장을 명확히 하고 있다.

사회보장 기본법에서 ① 최저생활의 보장을 넘어서 기존 생활수준의 향상에 필요한 급여도 보장하고 있는지 및 ② 최저생활의 보장내용이 단순히 물질적 · 금전적 보장에 국한된 것인지 아니면 문화적 · 정신적 보장도 포함되는 것인지에 관하여 의문이 제기될 수 있다.

사회보장기본법 제10조 제1항은 "국가는 모든 국민이 건강하고 문화적인 생활을 유지할 수 있도록 사회보장급여의 수준향상에 노력하여야 한다."라고 규정하고 있으므로 사회보장 기본법은 그 보장수준이 물질적 최저생활의 보장에 국한되지 않고, 이보다 상위 수준의 급여를 지향하고 있음을 보여주고 있다. 국민기초생활 보장법은 "보건복지부장관은 국민의 소득 · 지출수준과 수급권자의 가구유형 등 생활실태, 물가상승률 등을 고려하여 최저생계비를 결정하여야 한다."고 규정하고 있다(동법 제6조 제1항). 이 경우 최저생계비라 함은 국민이 건강하고 문화적인 생활을 유지하기 위하여 소요되는 최소한의 비용으로서 제6조의 규정에 의하여 보건복지부 장관이 공표하는 금액을 말한다(동법 제2조 제6호).고 규정하고 있다. 국민기초생활보장법을 볼 때에 최저생활의 보장내용은 단순히 물질적 · 금전적 보장에 국한된 것이 아니라 문화적 · 정신적 보장도 포함되는 것으로 보아야 할 것이다[2].

(2) 최소한의 지원원칙

공공부조는 국민이 최저생활을 유지하기 위한 최소한의 비용을 제공하는 것을 원칙으로 한다. 공공부조를 통한 최소한의 비용을 지원하는 경우 수급자의 소득 및 재산을 조사하여 그 합이 일정 수준 이하의 국민에게 한정하여 지원되는 것이 원칙이다. 이를 자산조사 또는 수요조사 라고 한다. 또한, 지원되는 비용의 수준을 ① 지원대상자에게 동일한 액수의 금액을 일률적으로 지급하는 방안과, ② 최저생활에 필요한 최저비용과 지원 대상자의 소득, 재산의 차액을 지급하는 방안이 있다.

우리나라의 국민기초생활 보장법은 후자의 방안을 채택하고 있다. 국민기초생활 보장법은 "급여의 기준은 보건복지부 장관이 수급자의 연령 · 가구규모 · 거주지역 기타 생활여건 등을 고려하여 급여의 종류별로 정하도록" 규정하고 있고(동법 제4조 제2항), 생계급여는 보건복지부 장관이 정하는 바에 따라 수급자의 소득 인정액 등을 감안하여 차등지급할 수 있다(동법 제9조 제4항)고 규정하고 있다.

---

2) 이상윤, 전게서, p 559.

⑶ 자립 및 독립심의 고취

공공부조 제도는 현재의 생활능력이 없는 자에 대한 지원을 기본 내용으로 하고 있으나, 궁극적으로는 이들이 향후 자립하여 독자적인 생활능력을 갖추는 것을 기본 목적으로 하고 있다. 공공부조 제도가 생활능력이 없는 자가 자구노력을 하지 않아도 최저생활을 충분히 영위할 수 있다면 생활능력이 없는 자가 자구노력을 하지 않아도 최저생활을 통한 자구의욕을 상실하게 되어 실업자로서 남게 된다. 이를 의존성의 함정 또는 실업의 함정이라 한다. 이를 회피하기 위하여 공공부조 제도는 무상지원 이외에도 취업 등을 통한 자구노력의 고취를 추가적으로 요구하고 있는 것이 일반적이다. 우리나라 국민기초생활보장법 제1조는 "생활이 어려운 자에게 필요한 급여를 행하여 이들의 최저생활을 보장하고 자활을 조성하는 것을 목적으로 한다."고 규정하고 있으며, 동법 제3조는 "동법에 의한 급여는 수급자가 자신의 생활의 유지 · 향상을 위하여 그 소득 · 재산 · 근로능력 등을 활용하여 최대한 노력하는 것을 전제로 이를 보충 · 발전시키는 것을 기본원칙으로 한다."고 규정하여 동 원칙을 천명하고 있다.

생활능력이 없는 공공부조 지원대상자가 자립하는 가장 바람직한 방법은 근로를 통하여 소득을 취득하는 것이다. 국민기초생활 보장법 제9조는 "보장기관은 대통령령이 정하는 바에 따라 근로능력이 있는 수급자에게 자활에 필요한 사업에 참가할 것을 조건으로 하여 생계급여를 지급할 수 있다."고 규정하여, 지원대상자의 근로를 권장하고 있다.

⑷ 무상지원의 원칙

공공부조는 국가 또는 지방자치단체가 무상 지원하는 것이 원칙이다. 생활능력이 없는 자에게 유상으로 지원하는 것은 제도의 본질상 타당하지 않기 때문이다. 상기 관점에서 유상을 원칙으로 하는 사회보험과, 그리고 유상 또는 무상을 원칙으로 하는 사회복지 서비스와 구별된다.

2. 공공부조의 특징

(1) 공공부조와 사회보장의 관계

① 유사한 점

첫째, 공공부조와 사회보험 모두 국민의 인간다운 생활을 보장하는 것을 목적으로 한다. 사회적 위험 및 빈곤은 모두 인간다운 생활의 영위를 곤란하게 만드는 요인들이다. 사회보험은 사회적 위험에 대하여 보험방식으로 사전에 이를 분산 대처하는 방법으로, 공공부조는 빈곤에 대하여 사후에 지원을 통하여 이를 제거하는 방식으로 인간다운 생활을 영위하도록 하는 제도이다.

둘째, 공공부조와 사회보험 모두 사회연대의 원칙에 따라 소득재분배역 역할을 하고 있다. 사회보험은 강제가입을 의무화하고 고소득자에게 상대적으로 더 많은 비용을 부과하며, 공공부조는 예산을 통하여 저 소득자에게 무상지원함으로 수직적 소득재분배를 하고 있다.

② 상이한 점

공공부조와 사회보험의 차이점은 다음과 같다.

첫째, 사회보험은 노령, 장애, 질병 및 사고, 사망 등 사회적 위험에 사전대비하는 것을 목적으로 하고 있으나, 공공부조는 사후에 생활 무능력자의 최저 생활보장 지원을 목적으로 하고 있다.

둘째, 사회보험은 수익자 부담의 원칙을 도입하여 가입자가 보험금을 분담하도록 하는 유상의 원칙을 채택하고 있으나, 공공부조는 국가 및 지방자치단체가 예산으로 전액 지원하는 무상의 원칙을 채택하고 있다.

셋째, 사회보험은 국가가 주관하는 것을 원칙으로 하고 있으나, 공공부조는 국가뿐 아니라 지방자치 단체도 주체가 된다.

넷째, 사회보험 제도는 국민전체를 대상으로 하고 있는데 반하여, 공공부조는 생활능력이 없는 국민 일부를 대상으로 하고 있다.

제2절 국민기초생활 보장법

1. 목적

동법은 생활이 어려운 사람에게 필요한 급여를 실시하여 이들의 최저생활을 보장하고 자활을 돕는 것을 목적으로 한다(동법 제1조).

종전의 생활보호법은 보호대상을 근로의 능력이 없는 노인, 아동 · 장애인 등을 대상으로 하였으나, 새로이 제정된 국민기초생활 보장법은 근로능력이 있는 청장년도 보호대상으로 확대하여 생활능력이 없는 모든 국민이 지원을 받을 수 있도록 되었다. 또한 "보호"라는 용어 대신에 "보장"이라는 용어를 사용하고 "수급권"의 개념이 도입되어, 공공부조에 대한 국민의 권리성을 강조하고 있다. 이는 공공부조 제도의 적용범위가 인구학적 기준에서 벗어나, 생활능력이 없는 모든 국민에게 보편적으로 적용됨을 의미하며 또한 공공부조 제도가 국가 의 임의적 은혜적 성격에서 국민의 당연한 권리에 해당함을 인정하는 것이다.

2. 수급권의 내용 및 보호

(1) 수급권자

(내국인)

수급권자는 부양 의무자가 없거나, 부양 의무자가 있어도 부양능력이 없거나 부양을 받을 수 없는 사람으로서 소득인정 액이 최저생계비 이하인 사람으로 한다(동법 제5조 제1항). 이 경우 "소득인정 액"이란 개별가구의 소득평가액과 재산의 소득환산액을 합산한 금액을 말한다(동법 제2조 제8호). 상기 수급권자에 해당하지 아니하여도 생활이 어려운 사람으로서 일정기간 동안 이 법에서 정하는 급여의 전부 또는 일부가 필요하다고 보건복지부 장관이 정하는 자는 수급권자로 본다(동법 제5조 제2항).

상기 부양 의무자가 있어도 부양능력이 없거나 부양을 받을 수 없는 경우는 대통령령으로 정한다(동법 제5조 제3항).

(외국인)

국내에 체류하고 있는 외국인 중 대한민국 국민과 혼인하여 본인 또는 배우자가 임신 중이거나 대한민국 국적의 미성년 자녀를 양육하고 있거나 배우자의 대한민국 국적인 직계존속과 생계나 주거를 같이하고 있는 사람으로서 대통령령으로 정하는 사람이 제5조에 해당하는 경우에는 수급권자가 된다(동법 제5조의 2).

(2) 수급권의 내용

① 생계급여

생계급여는 수급자에게 의복, 음식물 및 연료비와 그 밖에 일상생활에 기본적으로 필요한 금품을 지급하여 그 생계를 유지하게 하는 것으로 한다(동법 제8조).

생계급여는 금전을 지급하는 것으로 한다(동법 제9조 제1항 본문). 다만,

금전으로 지급할 수 없거나 금전으로 지급하는 것이 적당하지 아니하다고 인정하는 경우에는 물품을 지급할 수 있다(동법 제9조 제1항 단서).

수급품은 대통령령으로 정하는 바에 따라 매월 정기적으로 지급하여야 한다(동법 제9조 제2항 본문). 다만, 특별한 사정이 있는 경우에는 그 지급방법을 다르게 정하여 지급할 수 있다(동법 제9조 제2항 단서). 수급품은 수급자에게 직접 지급한다(동법 제9조 제3항 본문). 다만, 보장시설이나 타인의 가정에 위탁하여 생계급여를 실시하는 경우에는 그 위탁받은 사람에게 이를 지급할 수 있다(동법 제9조제3항 단서). 이 경우 보장기관은 보건복지부 장관이 정하는 바에 따라 정기적으로 수급자의 수급여부를 확인하여야 한다(동법 제9조 제3항 후단). 생계급여는 보건복지부 장관이 정하는 바에 따라 수급자의 소득인정액 등을 고려하여 차등지급할 수 있다(동법 제9조 제4항). 보장기관은 대통령령으로 정하는 바에 따라 근로능력이 있는 수급자에게 자활에 필요한 사업에 참가할 것을 조건으로 하여 생계급여를 실시할 수 있다(동법 제9조 제5항 전단). 이 경우 보장기관은 제28조에 따른 자활지원계획을 고려하여 조건을 제시하여야 한다(동법 제9조 제5항 후단).

② 주거급여

주거급여는 수급자에게 주거안정에 필요한 임차료, 유지 · 수선비 그 밖에 대통령령으로 정하는 수급품을 지급하는 것으로 한다(동법 제11조 제1항).

③ 의료급여

의료급여는 따로 법률이 정하는 바에 의한다(동법 제7조 제4항). 이에 대하여 의료급여법이 제정되어 있다.

④ 교육급여

교육급여는 수급자에게 입학금, 수업료, 학용품비, 그 밖의 수급품을 지원하는 것으로 하되 학교의 종류 · 범위 등에 관하여 필요한 사항은 대통령령으로 정한다(동법 제12조 제1항). 교육급여는 금전 또는 물품을 수급자 또는 수급자의 친권자나 후견인에게 지급하는 것으로 한다(동법 제12조 제2항 본문). 다만, 보장기관이 필요하다고 인정하는 경우에는 수급자가 재학하는 학교의 장에게 수급품을 지급할 수 있다(동법 제12조 제2항 단서).

⑤ 해산급여

해산급여는 수급자에게 다음의 급여를 실시하는 것으로 한다(동법 제13조 제1항). ㈎조산, ㈏분만 전과 분만 후에 필요한 조치와 보호 해산급여는 보건복지부령으로 정하는 바에 따라 보장기관이 지정하는 의료기관에 위탁하여 행할 수 있다(동법 제13조 제2항). 해산급여에 필요한 수급품은 보건복지부령으로 정하는 바에 따라 수급자나 그 세대주 또는 세대주에 준하는 사람에게 지급한다(동법 제13조 제3항 본문). 다만, 제2항의 규정에 따라 그 급여를 의료기관에 위탁하는 경우에는 수급품을 그 의료기관에 지급할 수 있다(동법 제13조 제3항 단서).

⑥ 장제급여

장제급여는 수급자가 사망한 경우 사체의 검안 · 운반 · 화장 또는 매장 그 밖의 장제조치를 하는 것으로 한다(동법 제14조 제1항). 장제급여는 보건복지부령으로 정하는 바에 따라 실제로 장제를 행하는 사람에게 장제에 필요한 비용을 지급하는데, 다만 지급할 수 없거나 비용을 지급하는 것이 적당하지 아니하다고 인정하는 경우에는 물품을 지급할 수 있다(동법 제14조 제2

항 단서).

⑦ 자활급여

자활급여는 수급자의 자활을 조성하기 위하여 다음의 급여를 행하는 것으로 한다(동법 제15조 제1항).

㈎ 자활에 필요한 금품의 지급 또는 대여

㈏ 자활에 필요한 근로능력의 향상 및 기능습득의 지원

㈐ 취업알선 등 정보의 제공

㈑ 자활을 위한 근로기회의 제공

㈒ 자활에 필요한 시설 및 장비의 대여

㈓ 창업교육, 기능훈련 및 기술 · 경영지도 등 창업지원

㈔ 자활에 필요한 자산형성지원

㈕ 그 밖에 대통령령이 정하는 자활조성을 위한 각종 지원

자활급여는 관련 공공기관 · 비영리법인 · 시설 그 밖에 대통령령이 정하는 기관에 위탁하여 이를 행할 수 있다(동법 제15조 제2항 전단). 이 경우 그에 소요되는 비용은 보장기관이 이를 부담한다(동법 제15조 제2항 후단).

⑶ 수급권의 실시

급여실시 및 내용이 결정된 수급자에 대한 급여는 급여의 신청일 부터 개시한다(동법 제27조 제1항 본문). 다만, 보건복지부 장관이 매년 결정 · 공표하는 최저생계비의 변경으로 인하여 매년 1월에 새로이 수급자로 결정되는 사람에 대한 급여는 해당연도의 1월 1일을 그 급여 개시일로 한다(동법 제27조 제1항 단서). 시장 · 군수 · 구청장은 급여실시 여부의 결정전이라도

수급권자에게 급여를 하여야 할 긴급한 필요가 있다고 인정될 때에는 급여의 일부를 행할 수 있다(동법 제27조 제2항).

(4) 수급자의 권리와 의무

① 급여변경 금지

수급자에 대한 급여는 정당한 사유 없이 수급자에게 불리하게 변경할 수 없다(동법 제34조).

② 압류금지

수급자에게 지급된 수급품과 이를 받을 권리는 압류할 수 없다(동법 제35조).

③ 양도금지

수급자는 급여를 받을 권리를 타인에게 양도할 수 없다(동법 제36조).

④ 신고의 의무

수급자는 거주지역 · 세대의 구성에 변동이 있거나 제22조 제1항 각호의 사항에 현저한 변동이 있는 때에는 지체 없이 관할보장기관에 이를 신고하여야 한다(동법 제37조).

(5) 보장비용

① 보장비용 개념

동법에서 보장비용이란 다음의 비용을 말한다(동법 제42조).

(가) 이 법에 따른 보장업무에 드는 인건비와 사무비
(나) 제20조의 규정에 따른 생활보장위원회의 운영에 드는 비용
(다) 제8조 내지 제18조의 규정에 따른 급여 실시비용
(라) 그 밖에 이 법에 따른 보장업무에 드는 비용

② 보조금

국가는 매년 이 법에 의한 보장비용 중 국가부담 예정합계액을 각각 보조금으로 지급하고, 그 과부족 금액은 정산하여 추가로 지급하거나 반납하게 한다(동법 제43조 제2항). 시·도는 매년 시·군·구에 대하여 상기 국가의 보조금에 시 ·도의 부담예정액을 합하여 보조금으로 지급하고 그 과부족은 정산하여 추가로 지급하거나 반납하게 한다(동법 제43조 제3항).

보조금의 산출 및 정산방법 등에 관하여 필요한 사항은 대통령령으로 한다(동법 제43조 제4항).

③ 비용의 징수

수급자에게 부양능력을 가진 부양 의무자가 있음이 확인된 경우에는 보장비용을 지급한 보장기관은 생활보장위원회의 심의 · 의결을 거쳐 그 비용의 전부 또는 일부를 부양의무지로부터 징수할 수 있다(동법 제46조 제1항).

속임수나 그 밖의 부정한 방법으로 급여를 받거나 타인으로 하여금 급여를 받게 한 경우에는 보장비용을 지급한 보장기관은 그 비용의 전부 또는 일부를 그 급여를 받은 사람 또는 급여를 받게 한 자(이하, 부정수급자라 함)로부터 징수할 수 있다(동법 제46조 제2항).

상기 징수할 금액은 각각 부양의무자 또는 부정수급자에게 통지하여 이를 징수하고, 부양의무자 또는 부정수급자가 이에 응하지 아니하는 경우 국세

또 는 지방세 체납처분의 예에 따라 이를 징수한다(동법 제46조 제3항).

④ 반환명령

보장기관은 급여의 변경 또는 급여의 정지 · 중지에 따라 수급자에게 이미 지급한 수급품 중 과잉지급분이 발생한 경우에는 즉시 수급자에 대하여 그 전부 또는 일부의 반환을 명하여야 한다. 다만, 이미 이를 소비하였거나 그 밖에 수급자에게 부득이한 사유가 있을 때에는 그 반환을 면제할 수 있다(동법 제47조 제1항).

시장 · 군수 · 구청장이 긴급급여를 실시하였으나 조사결과에 따라 급여를 실시하지 아니하기로 결정한 경우 급여비용의 반환을 명할 수 있다(동법 제47조 제2항).

제 4 장 사회복지 서비스법

제1절 사회복지 서비스법 개요
제2절 사회복지 사업법
제3절 노인복지법
제4절 한 부모가족 지원법
제5절 아동복지법
제6절 장애인 복지법

제1절 사회복지 서비스법 개요

1. 사회복지서비스의 기본원리

(1) 자족의 원리

사회복지서비스는 일반인과 비교하여 볼 때에 선천적 또는 후천적으로 부족한 대상자에 대하여 이들의 부족한 점을 보완하여 대상자로 하여금 일반인과 마찬가지의 생활을 영위하는 것을 기본원리로 하고 있다.

일반인이라 함은 지원대상자가 속하여 있지 아니한 다른 일반계층의 사람은 물론 자신이 속해 있는 계층의 다른 보호대상자도 포함한다. 예컨대, 노인에 대한 사회복지서비스는 ① 어느 노인이 "청중장년"보다 정신적 신체적 또는 경제적으로 부족한 점을 보완하여 청중장년과 마찬가지의 생활을 영위할 수 있도록 지원하는 제도는 물론 ② 다른 "일반적인 노인"에 비하여 부족한 점을 지원하여 이들과 동일한 수준의 생활을 영위할 수 있도록 하는 제도를 포함한다.

(2) 특수성의 인정

사회복지서비스는 특수계층으로서의 보호대상자의 특수성을 그대로 인정하고, 이에 따른 불이익 또는 부족한 부분을 지원하는 제도이다. 예컨대, 보호대상인 노인, 아동, 또는 장애인 등이 속한 특수 계층을 일반계층인 청장년, 성인 또는 비장애인으로 전환시키는 것을 주된 목적으로 하는 것이 아니라, 특수 계층의 존재를 인정하면서 이들에 대한 보호를 제공하는 것이다. 이 점에서 보호대상인 생활무능력자를 생활능력자로 전환하는 것을 제도의 주요 목표중의 하나로 삼고 있는 공공부조와 구별된다.

(3) 개별성 및 구체성

사회복지 서비스의 지원은 보호대상자의 구체적인 수요에 따라 개별적으로 결정된다. 보호대상자 개인의 개별적이고 구체적인 상황에 따라 상담, 재활, 교육, 복지시설의 제공 등 필요한 보호조치가 선택되어 제공되는 것이다. 이 같은 관점에서 획일적이고 동일한 지원이 제공되는 사회보험과 공공부조와 구별된다고 할 것이다.

(4) 재원 및 급여의 특수성

사회복지 서비스는 국가, 지방자치단체 및 민간에 의하여 제공된다. 이 점에서 국가가 주관하는 사회보험 및 국가 또는 지방자치단체가 주관하는 공공부조와 구별된다. 민간이 사회복지 서비스를 제공하는 경우 국가 또는 지방 자치단체에 의한 예산이 지원될 수 있다.

사회복지서비스는 대부분 무상으로 제공되나 일부는 유상으로 제공된다. 이 같은 점에서 유상으로 제공되는 사회보험 및 무상으로 제공되는 공공부조와 구별된다.

사회복지서비스의 형태는 주로 현금 및 현물 등이 아니라 비금전적 서비스의 제공이 된다. 이 같은 점에서 현금 및 현물을 제공하는 사회보험 및 공공부조와 구별된다.

2. 사회복지서비스의 종류

(1) 보호대상을 기준으로 구분하는 경우

보호대상을 주로 인구학적 기준에 따라 노인·아동·모부자 및 장애인 등으로 구분하는 체계이다. 우리나라의 사회복지 서비스제도가 채택하고 있는 주요 분류체계이다.

(2) 기능을 기준으로 구분하는 경우

사회복지 서비스가 제공하는 서비스의 기능에 따라 사회적 보호, 통제 및 재활 등으로 구분하는 분류체계이다.

사회적 보호는 노인·아동 및 장애인 등의 적용대상을 무관심, 유기, 방치, 폭력 및 착취 등의 사회적 위험으로 부터 이들을 보호하는 것을 말한다.

사회적 통제는 사회적 규범을 준수하는데 실패한 경우에 이를 지킬 수 있도록 교화하는 제도이다. 대체로 교정시설에 수용된 아동 및 청소년 등에 대한 수용시설 등이 이에 해당되며, 감옥 등 형법상의 형 집행기관에서의 수형자들을 위한 교화기능과는 구별된다. 우리나라의 보호관찰 등에 관한 법률이 이에 해당된다.

사회적 재활은 과거에 일반인 수준의 정상적 생활을 영위 하던 자가 현재 그렇지 못한 경우 과거의 정상적인 생활을 영위할 수 있도록 지원해 주는 제도이다. 약물 및 음주 중독자에 대한 보호지원, 정신 또는 신체 장애인의 보호지원 등이 이에 해당된다. 우리나라의 「장애인 활동지원에 관한 법률」 및 「노숙인 등의 복시 및 사립시원에 관한 법률」 등이 이에 해당 된다.

(3) 보호분야를 기준으로 분류하는 경우

사회복지서비스를 적용되는 분야를 기준으로 분류하는 경우 산업직장복지 서비스, 학교사회복지 서비스, 교정시설 복지서비스, 가정복지서비스 및 군대복지 서비스 등으로 분류하여 볼 수 있다.

제2절 사회복지 사업법

1. 개요

(1) 기본목적

사회복지 사업법은 사회복지 사업에 관한 기본적 사항을 규정하여 사회복지를 필요로 하는 사람에 대하여 인간의 존엄성과 인간다운 생활을 할 권리를 보장하고 사회복지의 전문성을 높이며, 사회복지사업의 공정 · 투명 · 적정을 기하고, 지역 사회복지의 체계를 구축함으로써 사회복지의 증진에 이바지함을 목적으로 한다(사회복지 사업법 제1조).

(2) 기본이념

사회복지를 필요로 하는 사람은 누구든지 자신의 의사에 따라 서비스를 신청하고 제공받을 수 있다(동법 제1조의2 제1항). 사회복지법인 및 사회복지시설은 공공성을 가지며 사회복지 사업을 시행하는데 있어서 공공성을 확보하여야 한다(동법 제1조의2 제2항). 사회복지사업을 시행하는데 있어서 사회복지를 제공하는 자는 사회복지를 필요로 하는 사람의 인권을 보장하여야 한다(동법 제1조의2 제3항).

(3) 사회복지사업의 정의

사회복지사업이라 함은 다음의 법률에 의한 보호 · 선도 또는 복지에 관한 사업과 사회복지상담 · 직업지원 · 무료숙박 · 지역사회복지 · 의료복지 · 재가복지 · 사회복지관 운영 · 정신질환자 및 한센병력자 사회복귀에 관한 사업 등 각종 복지사업과 이와 관련된 자원봉사활동 및 복지시설의 운영 또는 지원을 목적으로 하는 사업을 말한다(동법 제2조 제1호).

2. 사회복지서비스의 전달체계

(1) 공적전달 체계

① 국 가

국가의 사회복지서비스 전달 체계에는 보건복지부, 고용노동부 및 여성가족부 등이 있다.

② 지방자치단체

지방자치단체도 사회복지 사업에 관한 업무를 수행하고 있다.

㈎ 복지사무전담기구

사회복지사업에 관한 업무를 효율적으로 운영하기 위하여 필요한 경우 시 · 군 · 구 또는 읍 · 면 · 동에 복지사무를 전담하는 기구를 따로 설치할 수 있다(동법 제15조 제1항). 복지사무 전담기구의 사무의 범위 · 조직 기타 필요한 사항은 당해 시 · 군 · 구의 조례로 정한다(동법 제15조 제2항).

㈏ 사회복지 전담공무원

사회복지 사업에 관한 업무를 담당하게 하기 위하여 시 · 도, 시 · 군 · 구 및 읍 · 면 · 동 또는 복지사무 전담기구에 사회복지 전담공무원(이하, 복지전담공무원이라 함)을 둘 수 있다(동법 제14조 제1항). 복지전담 공무원은 사회복지사의 자격을 가진 자로 하며, 그 임용 등 기타 필요한 사항은 대통령령으로 정한다(동법 제14조 제2항). 복지전담 공무원은 그 관할지역 안의 사회복지를 필요로 하는 사람 등에 대하여 항상 그 생활실태 및 가정환경 등을 파악하고, 사회복지에 관하여 필요한 상담과 지도를 행한다(동법 제14조 제3항). 관계행정기관 및 사회복지 시설을 설치 · 운영하는 자는 복지전담 공무원의 업무수행에 협조하여야 한다(동법 제14조 제4항). 국가는 복지전담 공무원의 보수 등에 소요되는 비용의 전부 또는 일부를 보조할 수 있다(동법 제14조 제5항).

(2) 사적 전달체계

① 자원봉사 활동

국가 및 지방자치단체는 사회복지 자원봉사 활동을 지원 · 육성하기 위하여 다음의 사항을 실시하여야 한다(동법 제9조 제1항).

㈎ 자원봉사활동의 홍보 및 교육

㈏ 자원봉사활동프로그램의 개발 · 보급

㈐ 자원봉사 활동 중의 재해에 대비한 시책의 개발

㈑ 기타 자원봉사활동의 지원에 필요한 사항

② 업무의 위탁

국가 및 지방자치 단체는 상기 사항을 효율적으로 수행하기 위하여 사회복지 법인 기타 비영리법인 · 단체에 이를 위탁할 수 있다(동법 제9조 제2항).

③ 사회복지사

보건복지부 장관은 사회복지에 관한 전문지식과 기술을 가진 자에게 사회복지사의 자격증을 교부할 수 있다(동법 제11조 제1항). 제1항의 규정에 의한 사회복지사의 등급은 1 . 2 . 3급으로 하고 등급별 자격기준 및 자격증의 교부절차 등은 대통령령으로 정한다(동법 제11조 제2항). 사회복지사 1급의 자격증을 교부받고자 하는 자는 국가시험에 합격하여야 한다(동법 제11조 제3항).

보건복지부 장관은 제2항의 규정에 의한 사회복지사의 자격증을 교부 또는 재교부 받고자 하는 자에게 보건복지부령이 정하는 바에 의하여 수수료를 납부하게 할 수 있다(동법 제11조 제4항).

3. 주요내용

(1) 보조금

국가 또는 지방자치 단체는 사회복지 사업을 수행하는 자 중 대통령령이 정하는 자에 대하여 필요한 비용의 전부 또는 일부를 보조할 수 있다(동법 제42조 제1항).

상기 보조금은 그 목적 외의 용도에 사용할 수 없다(동법 제42조제2항). 국가 또는 지방자치단체는 보조금을 받은 자가 다음의 1에 해당할 때에는 이미 교부한 보조금의 전부 또는 일부의 반환을 명할 수 있다(동법 제42조

제3항).

① 사기 기타 부정한 방법으로 보조금의 교부를 받은 때

② 사업목적 외의 용도에 보조금을 사용한 때

③ 이 법 또는 이 법에 의한 명령에 위반한 때

(2) 지원금

보건복지부 장관은 시 · 도지사 및 시장 · 군수 · 구청장에게 사회복지사업의 수행에 필요한 비용을 지원할 수 있다(동법 제42조의3 제1항). 보건복지부 장관은 제15조의6에 따른 평가결과를 반영하여 제1항에 따른 지원을 할 수 있다(동법 제42조의3 제2항). 제1항에 따른 지원금의 지급기준 · 지급방법 등에 관하여 필요한 사항은 보건복지부령으로 정한다(동법 제42조의3 제3항).

(3) 압류금지

동법 및 제2조 제1호 각목의 법률에 의하여 지급된 금품과 이를 받을 권리는 압류하지 못한다(동법 제48조).

(4) 후원금관리

사회복지법인의 대표이사와 시설의 장은 아무런 대가없이 무상으로 받은 금품 기타의 자산(이하, 후원금이라 함)의 수입 · 지출내용을 공개하여야 하며 그 관리에 명확성이 확보되도록 하여야 한다(동법 제45조 제1항). 제1항의 규정에 의한 후원금에 관한 영수증교부, 수입 및 사용결과 보고 등 기타 후원금관리에 필요한 사항은 보건복지부령으로 정한다(동법 제45조 제2항).

(5) 비용징수

이 법에 의한 복지조치에 필요한 비용을 부담한 지방자치단체의 장 기타 시 설을 운영하는 자는 그 혜택을 받은 본인 또는 그 부양의무자로부터 대통령령 이 정하는 바에 의하여 그가 부담한 비용의 전부 또는 일부를 징수할 수 있다(동법 제44조제1항).

(6) 지도감독

보건복지부장관, 시 · 도지사 또는 시장 · 군수 · 구청장은 사회복지사업을 운영하는 자에 대한 소관업무에 관하여 지도 · 감독을 하며, 필요한 경우 그 업무에 관하여 보고 또는 관계서류의 제출을 명하거나, 소속공무원으로 하여금 법인의 사무소 또는 시설에 출입하여 검사 또는 질문하게 할 수 있다(동법 제51조 제1항).

법인의 주된 사무소의 소재지와 시설의 소재지가 동일한 시 · 도 또는 시 · 군 · 구에 있지 아니한 경우 당해 시설의 업무에 관하여는 시설 소재지의 시 · 도지사 또는 시장 · 군수 · 구청장이 지도 · 감독 등을 한다. 이 경우 지도 · 감독상 필요한 때에는 법인의 업무에 대하여 법인의 주된 사무소 소재지의 시 · 도지사 또는 시장 · 군수 · 구청장에 대하여 협조를 요청할 수 있다(동법 제51조제 제2항에 따른 지도 · 감독 등에 관하여 따로 지방자치단체 간에 협약을 체결한 경우에는 제2항에도 불구하고 협약에서 정한 시 · 도지사 또는 시장 · 군수 · 구청장이 지도 · 감독 등의 업무를 수행한다(동법 제51조 제3항). 검사 또는 질문을 하는 관계공무원은 그 권한을 표시하는 증표를 지니고 이를 관계인에게 내보여야 한다(동법 제51조 제4항).

제3절 노인복지법

1. 노인복지서비스의 개념

노인복지 서비스라 함은 노인에게 제공되는 복지서비스를 말한다. 노인이란 노령화 과정에서 육체적 · 정신적으로 그 기능과 능력이 감퇴되어 생활기능이 저하된 사람을 말한다.

(1) 소득문제

노인은 근로능력의 저하 또는 직장의 은퇴 등으로 인하여 소득이 감소 · 상실되므로 인간다운 생활의 영위에 필요한 소득확보 문제가 노인복지의 최대 관심사로 대두되고 있다.

(2) 건강문제

노인은 정신적 · 육체적으로 노쇠하는 과정에 있으므로 이들에게 필요한 의료시설 또는 주거의 제공은 노인복지의 주요 관심사이다.

(3) 역할상실 문제

의학기술의 발달 또는 생활수준의 향상 등으로 노인이 정신적 · 육체적으로 근로 등 사회활동을 충분히 할 수 있음에도 불구하고 조기 은퇴한 경우 노인은 자신의 역할을 상실하게 된다. 따라서 노인의 능력과 의사에 적합한 사회적 역할을 부여하는 것이 필요하게 된다.

(4) 고독 및 여가활용의 문제

노인은 사회활동을 중단하게 되므로 많은 시간적 여유를 갖고 있으나, 이를 적절히 활용할 기회 또는 방법이 없다. 또한, 고령으로 인한 가족과의 이별 · 죽음 및 은퇴로 인한 사회동료와의 헤어짐 등은 깊은 고독을 초래하게 된다. 노인복지 서비스는 노인의 고독해결 및 여가활용을 위한 다양한 서비스가 제공 되어야 한다.

2. 노인에 대한 사회보장제도

(1) 사회보험법

노인 등의 고령자도 자격요건을 갖추는 경우 국민연금법, 국민건강보험법, 산업재해보상 보험법 및 고용보험법상의 지원 및 보호를 받을 수 있음은 물론이다. 이 중에서도 국민연금법은 노령연금을 규정하고 있어 일정연령에 도달 한 가입자에게 연금을 지급하고 있다. 또한, 노인 장기요양 보험법은 고령이나 노인성 질병 등의 사유로 일상생활을 혼자서 수행하기 어려운 노인 등에게 제공하는 신체활동 또는 가사활동 지원 등의 장기요양 급여를 제공하고 있다.

(2) 공공 부조법

기초노령 연금법은 노인이 후손의 양육과 국가 및 사회의 발전에 이바지하여 온 점을 고려하여 생활이 어려운 노인에게 기초노령 연금을 지급함으로써 노인의 생활안정을 지원하고 있다.

(3) 사회복지 서비스법

노인에 대한 사회복지 서비스의 기본법으로서 노인복지법이 있다. 노인복지법은 노인의 질환을 사전예방 또는 조기발견하고 질환상태에 따른 적절한 치료 · 요양으로 심신의 건강을 유지하고, 노후의 생활안정을 위하여 필요한 조치를 강구하고 있다. 장애인 · 노인 · 임산부 등의 편의증진 보장에 관한 법률은 장애인 · 노인 · 임산부 등에 대한 편의시설을 제공하고 있다.

3. 노인복지법 내용

(1) 최저생활의 보장

노인은 국민연금법상의 노령연금 및 고용보험법상의 실업급여를 받을 수 있다. 또한, 생활능력이 없는 노인은 국민기초생활 보장법상의 생활급여를 받을 수 있으며, 기초노령 연금법에 의한 연금을 받을 수 있다.

생활능력이 없는 노인에게는 국민기초생활 보장법상의 주거급여가 제공된다. 노인복지법상 노인에게 제공되는 주거시설 서비스에는 ① 노인의 주거에 적합한 기능 및 설비를 갖춘 노인전용 주거시설(동법 제8조). ② 양로시설, 노인공동생활 가정 및 노인복지 주택 등의 노인주거복지시설(동법 제33조 제1항), 및 ③ 방문요양서비스, 주 · 야간 보호서비스, 단기보호서비스, 및 방문 목욕서비스 등의 재가노인복지시설(동법 제39조 제1항) 등이 있다.

(2) 의료서비스의 제공

노인은 국민건강보험법 및 의료 급여법에 의한 의료서비스를 받을 수 있다. 또한, 노인 장기요양 보험법은 고령이나 노인성 질병 등의 사유로 일상생활을 혼자서 수행하기 어려운 노인 등에게 제공하는 신체활동 또는 가사활동 지원 등의 장기요양 급여를 제공하고 있다.

노인복지법상 노인에게 제공되는 의료서비스에는 ① 65세 이상의 자에 대한 건강진단과 보건교육의 실시(동법 제27조 제1항), ② 치매예방 및 치매퇴치를 위한 치매연구 및 관리사업의 실시(제29조의2 제1항), ③ 신체적 · 정신적으로 재활요양을 필요로 하는 노인을 위한 재활요양 사업의 실시(동법 제30조 제1항), 및 ④ 노인요양시설 및 노인요양 공동생활 가정 등의 노인의료 복지시설을 설치(동법 제35조 제1항) 등이 있다.

(3) 근로기회의 제공

고용상 연령차별금지 및 고령자 고용촉진에 관한 법률은 고령자의 고용을 촉진하여 근로의 기회를 제공하고, 고령으로 인한 차별을 금지하고 있다. 노인복지법상 노인에게 제공되는 일자리 제공서비스에는 ① 노인인력개발 기관, 노인일자리 지원기관 및 노인취업알선 기관 등의 노인일자리 전담기관의 설치 · 운영(동법 제23조의2 제2항), ② 공공시설 안에 식료품 · 사무용품 ·

신문 등 일상생활 용품의 판매를 위한 매점이나 자동판매기의 설치를 허가 또는 위탁할 때에는 65세 이상의 자에게 우선적으로 반영(동법 제25조), 및 ③ 노인의 사회참여 확대를 위하여 노인의 지역봉사활동 기회를 넓히고 노인에게 적합한 직종의 개발과 그 보급을 위한 시책의 강구(동법 제23조 제1항) 등이 있다.

(4) 사랑 · 존경 및 관심의 제공

장애인 · 노인 · 임산부 등의 편의증진 보장에 관한 법률은 장애인 · 노인 . 임산부 등에 대한 편의시설을 제공하고 있다. 노인복지법은 노인이 사회에서 사랑, 존경 및 관심을 받도록 ① 매년 10월 2일을 노인의 날로, 매년 10월을 경로의 달로 제정하고(동법 제6조 제1항), ② 65세 이상의 자에 대하여 국가 또는 지방자치단체의 수송시설 및 고궁 · 능원 · 박물관 · 공원 등의 공공시설의 이용요금을 감면하여 주며(동법 제26조 제1항), ③ 홀로 사는 노인에 대하여 방문요양서비스 등의 서비스와 안전 확인 등의 보호조치를 취하고(동법 제27조의2 제1항), ④ 학대받는 노인의 발견 · 보 호 · 치료 등을 신속히 처리하고 노인 학대를 예방하기 위하여 지역노인보호 전문기관을 두고 있다(동법 제39조의5 제2항).

(5) 기초노령연금

이 법은 노인이 후손의 양육과 국가 및 사회의 발전에 이바지하여 온 점을 고려하여 생활이 어려운 노인에게 기초노령연금을 지급함으로써 노인의 생활안정을 지원하고 복지를 증진함을 목적으로 한다(기초노령연금법 제1조).

① 지급대상

65세 이상인 자로서 소득인정 액이 대통령령으로 정하는 금액 이하인 자에게 연금을 지급한다(동법 제3조). 소득인정 액이란 국민기초생활 보장법 제2조 제8호에 따른 소득인정 액(본인 및 배우자의 소득인정 액에 한한다)을 말한다(동법 제2조 제4호 본문). 다만, 보건복지부령으로 정하는 바에 따라 그 산출기초가 되는 소득 · 재산의 범위, 같은 법 제2조 제9호에 따른 소득평가액 산정방식 및 같은 조 제10호에 따른 재산의 소득환산액 산정방식을 다르게 정할 수 있다(동법 제2조 제4호 단서).

② 연금의 지급기간 및 지급시기

연금은 수급권자로 결정된 경우 연금을 신청한 날이 속하는 달부터 수급권이 소멸한 날이 속하는 달까지 매월 정기적으로 지급한다(동법 제8조 제1항). 연금은 그 지급을 정지하여야 할 사유가 발생한 때에는 그 사유가 발생한 날이 속하는 달의 다음 달부터 그 사유가 소멸한 날이 속하는 달까지는 이를 지급하지 아니한다(동법 제8조 제2항).

③ 수급권의 상실

수급권자는 다음의 어느 하나에 해당하게 된 때에 수급권을 상실한다(동법 제11조).

㈎ 사망한때

㈏ 국적을 상실하거나 국외로 이주한 때

㈐ 제3조에 따른 수급요건에 해당하지 아니하게 된 때

제4절 한 부모 가족 지원법

1. 개요

한 부모 가족지원법은 한 부모 가족이 건강하고 문화적인 생활을 영위할 수 있도록 함으로써 한 부모 가족의 생활안정과 복지증진에 이바지함을 목적으로 한다(동법 제1조).

(1) 국가 및 지방자치단체의 책임

국가와 지방자치 단체는 한 부모 가족의 복지를 증진할 책임을 진다(동법 제2조 제1항). 국가와 지방자치단체는 한 부모 가족의 권익을 보호하기 위하여 노력하여야 한다(동법 제2조 제2항).

(2) 국민의 책임

모든 국민은 한 부모 가족의 복지증진에 협력하여야 한다(동법 제2조 제3항).

⑶ 한 부모 가족의 권리와 책임

한 부모 가족의 모 또는 부는 임신과 출산 및 양육을 사유로 합리적인 이유 없이 교육 · 고용 등에서 차별을 받지 아니한다(동법 제3조 제1항). 한 부모 가족의 모 또는 부와 아동은 그가 가지고 있는 자산과 노동능력 등을 최대한으로 활용하여 자립과 생활향상을 위하여 노력하여야 한다(동법 제3조 제2항).

⑷ 보호대상자

이 법에 따른 보호대상자는 다음에 해당하는 자로서 여성가족부령으로 정하는 자로 한다(동법 제5조 제1항).

① 모 또는 부란 다음의 어느 하나에 해당하는 자로서 아동인 자녀를 양육하는 자를 말한다(동법 제4조 제1호).

㈎ 배우자와 사별 또는 이혼하거나 배우자로부터 유기된 자

㈏ 정신이나 신체의 장애로 장기간 노동능력을 상실한 배우자를 가진 자

㈐ 교정시설 · 치료감호 시설에 입소한 배우자 또는 병역복무 중인 배우자를 가진 사람

㈑ 미혼자(사실혼관계에 있는 자는 제외한다)

㈒ ㈎부터 ㈑까지에 규정된 자에 준하는 자로서 여성가족부령으로 정하는 자

② 청소년 한 부모란 24세 이하의 모 또는 부를 말한다(동법 제4조 제1의2호).

③ 한 부모 가족이란 모자가족 또는 부자가족을 말한다(동법 제4조 제2호).

④ 모자가족이란 모가 세대주(세대주가 아니더라도 세대원을 사실상 부양하는 자를 포함한다)인 가족을 말한다(동법 제4조 제3호).

⑤ 부자가족이란 부가 세대주(세대주가 아니더라도 세대원을 사실상 부양하는 자를 포함한다)인 가족을 말한다(동법 제4조 제4호).

⑥ 아동이란 18세 미만(취학 중인 경우에는 22세 미만을 말한다)의 자를 말한다(동법 제4조 제5호).

2. 복지내용과 실시

(1) 복지급여의 신청

보호대상자 또는 그 친족 그 밖의 이해관계인은 복지급여를 관할 특별자치도지사 · 시장 · 군수 · 구청장에게 신청할 수 있다(동법 제11조 제1항).

복지급여 신청을 할 때에는 다음에 따른 자료 또는 정보의 제공에 대한 보호대상자의 동의 서면을 제출하여야 한다(동법 제11조 제2항).

① 금융실명거래 및 비밀보장에 관한 법률 제2조 제2호 및 제3호에 따른 금융자산 및 금융거래의 내용에 대한자료 또는 정보 중 예금의 평균잔액과 그 밖에 대통령령으로 정하는 자료 또는 정보(이하, 금융정보라 함)

② 신용정보의 이용 및 보호에 관한 법률 제2조 제1호에 따른 신용정보 중 채무액과 그 밖에 대통령령으로 정하는 자료 또는 정보(이하, 신용정보라 함)

③ 보험업법 제4조 제1항 각 호에 따른 보험에 가입하여 납부한 보험료와 그 밖에 대통령령으로 정하는 자료 또는 정보(이하, 보험정보라 함)

급여의 신청 방법 · 절차와 동의의 방법 · 절차 등 필요한 사항은 대통령령으로 정한다(동법 제11조 제3항).

(2) 고용지원

국가 또는 지방자치 단체는 한 부모 가족의 모 또는 부와 아동의 직업능력을 개발하기 위하여 능력 및 적성 등을 고려한 직업능력개발 훈련을 실시하여야 한다(동법 제14조 제1항).

국가 또는 지방자치단체는 한 부모 가족의 모 또는 부와 아동의 고용을 촉진하기 위하여 적합한 직업을 알선하고 각종 사업장에 모 또는 부와 아동이 우선 고용되도록 노력하여야 한다(동법 제14조 제2항).

(3) 가족지원 서비스

국가 또는 지방자치 단체는 한 부모 가족에게 다음의 가족지원서비스를 제공 하도록 노력하여야 한다(동법 제17조)

① 아동의 양육 및 교육 서비스

② 장애인, 노인, 만성질환자 등의 부양 서비스

③ 교육 · 상담 등 가족관계 증진 서비스

④ 인지청구 및 자녀양육비 청구 등을 위한 법률상담, 소송대리 등 법률구조서비스

⑤ 그 밖에 대통령령으로 정하는 한 부모 가족에 대한 가족지원서비스

⑷ 국민주택 분양

국가 또는 지방자치단체는 주택법이 정하는 바에 의하여 국민주택을 분양하거나 임대하는 경우에는 한 부모가정에 일정비율이 우선 분양될 수 있도록 노력하여야 한다(동법 제18조).

3. 가족복지 관련법

⑴ 건강가정 기본법

이 법은 건강한 가정생활의 영위와 가족의 유지 및 발전을 위한 국민의 권리 · 의무와 국가 및 지방자치단체 등의 책임을 명백히 하고, 가정문제의 적절한 해결방안을 강구하며 가족구성원의 복지증진에 이바지할 수 있는 지원정책을 강화함으로써 건강가정 구현에 기여하는 것을 목적으로 한다(동법 제1조).

⑵ 다문화가정 지원법

이 법은 다문화가족 구성원이 안정적인 가족생활을 영위할 수 있도록 함으로써 이들의 삶의 질 향상과 사회통합에 이바지함을 목적으로 한다(동법 제1조).

① 다문화가족

다음의 어느 하나에 해당하는 가족을 말한다(동법 제2조 제1호).

㈎ 재한 외국인 처우 기본법 제2조 제3호의 결혼 이민자와 국적 법 제2조

부터 제4조까지의 규정에 따라 대한민국 국적을 취득한 자로 이루어진 가족

(나) 국적법 제3조 및 제4조에 따라 대한민국 국적을 취득한 자와 같은 법 제2조부터 제4조까지의 규정에 따라 대한민국 국적을 취득한 자로 이루어진 가족

② 결혼이민자

다문화가족의 구성원으로서 다음의 어느 하나에 해당하는 자를 말한다(동법 제2조 제2호)

(가) 재한 외국인 처우 기본법 제2조 제3호의 결혼이민자

(나) 국적법 제4조에 따라 귀화 허가를 받은 자

(3) 가족친화 사회환경 조성사업법

이 법은 가족친화 사회환경의 조성을 촉진함으로써 국민의 삶의 질 향상과 국가사회의 발전에 이바지함을 목적으로 한다(동법 제1조).

일과 가정생활을 조화롭게 병행할 수 있고, 아동양육 및 가족부양 등에 대한 책임을 사회적으로 분담할 수 있는 제반 환경을 말한다(동법 제2조 제1호).

근로자가 일과 가정생활을 조화롭게 병행할 수 있도록 가족친화제도가 운영되고 있는 직장환경을 말한다(동법 제2조 제2호).

다음의 제도를 말한다(동법 제2조 제3호).

① 탄력적 근무제도: 시차 출퇴근제, 재택근무제, 시간제 근무 등

② 자녀의 출산 · 양육 및 교육 지원 제도: 배우자 출산휴가제, 육아휴직제, 직장보육지원, 자녀교육지원 프로그램 등

③ 부양가족 지원제도: 부모 돌봄 서비스제, 가족 간호휴직제 등

④ 근로자 지원제도: 근로자 건강 · 교육 · 상담프로그램 등

⑤ 그 밖에 여성가족부령으로 정하는 제도

제5절 아동복지법

1. 개 요

(1) 개념

아동복지라 함은 아동을 위한 사회복지 서비스를 말한다. 아동복지는 광의의 개념에서 볼 때에 모든 아동의 행복과 성장을 위하여 가족 · 교육 · 건강, 주거 및 기초생활 등의 사회적 지원을 제공하고 환경을 조성하여 주는 것을 의미한다. 이를 협의의 개념으로 볼 때에는 특수한 문제를 가진 아동에 대하여 이를 해결하고 원상회복시킴으로써 정상적인 생활을 영위할 수 있도록 사회적 지원을 제공하는 것을 말한다.

(2) 가족문제

아동은 미성년자로서 가정에서 후견인인 부모에 의하여 양육되는 것이 일반적이며, 따라서 아동복지는 부모를 중심으로 한 가족에 의하여 가장 큰 영향 을 받게 된다. 가정에 있어 ① 빈곤이나 실업으로 인한 경제적 불안정, ② 부모의 이혼, 사망, 미혼모 등 가족구조상의 결함, ③ 부모의 무관심, 애정결핍 및 ④ 부모의 육체적 · 정신적 학대 등은 아동의 건전한 성장에 커다란 부정적 영향을 주게 된다.

(3) 사회 환경의 문제

아동이 생활하는 환경은 아동의 성장에 커다란 영향을 미치게 된다. 아동의 주거환경 및 학교환경 등을 비롯하여 환경오염, 우범지역, 무절제한 인터넷 사용, 매스컴, 성인오락, 교통문제 등의 사회환경은 아동복지의 주요 이슈로 대두 되고 있다.

(4) 사회적 부적응의 문제

아동은 정신적으로 미성숙 단계에 있으므로 가정 · 학교 및 지역사회 등에 적응하지 못하는 경우가 있다. 이는 일반적인 아동의 단순한 미성숙에서 기인하는 것 뿐 아니라 정신적 장애를 가진 특수한 아동의 심리적 욕구에서 기인하기도 한다. 사회적 부적응이 심한 경우 자기학대, 가출, 학업포기 및 자살 등의 극단적 행동이 수반되므로 특별한 지원이 필요하다.

2. 아동복지법의 목적

아동복지법은 아동이 건강하게 출생하여 행복하고 안전하게 자랄 수 있도록 아동의 복지를 보장하는 것을 목적으로 한다(아동복지법 제1조).

아동이란 18세 미만인 사람을 말한다(동법 제3조 제1호).

아동복지란 아동이 행복한 삶을 누릴 수 있는 기본적인 여건을 조성하고 조화롭게 성장 · 발달할 수 있도록 하기 위한 경제적 · 사회적 · 정서적 지원을 말한다(동법 제3조 제2호).

3. 기본이념

아동은 자신 또는 부모의 성별, 연령, 종교, 사회적 신분, 재산, 장애유무, 출생지역, 인종 등에 따른 어떠한 종류의 차별도 받지 아니하고 자라나야 한다(동법 제2조 제1항).

아동은 완전하고 조화로운 인격발달을 위하여 안정된 가정환경에서 행복하게 자라나야 한다(동법 제2조 제2항).

아동에 관한 모든 활동에 있어서 아동의 이익이 최우선적으로 고려되어야 한다(동법 제2조 제3항).

아동은 아동의 권리보장과 복지증진을 위하여 이 법에 따른 보호와 지원을 받을 권리를 가진다(동법 제2조 제4항).

4. 보호 및 복지조치

(1) 보호조치

서울특별시장 · 광역시장 · 도지사(이하, 시 · 도지사라 함) 또는 시장 · 군수 · 구청장(자치구의 구청장을 말 함)은 그 관할구역에서 보호대상 아동을 발견하거나 보호자의 의뢰를 받은 때에는 아동의 최상의 이익을 위하여 대통령령으로 정하는 바에 따라 다음에 해당하는 보호조치를 하여야 한다(동법 제15조 제1항).

① 전담공무원 또는 아동위원에게 보호대상아동 또는 그 보호자에 대한 상담 · 지도를 수행하게 하는 것

② 보호자 또는 대리양육을 원하는 연고자에 대하여 그 가정에서 아동을

보호 · 양육할 수 있도록 필요한 조치를 하는 것

③ 아동의 보호를 희망하는 사람에게 가정 위탁하는 것

④ 보호대상아동을 그 보호조치에 적합한 아동복지시설에 입소시키는 것

⑤ 약물 및 알콜중독, 정서 · 행동 · 발달 장애, 성폭력 피해 등으로 특수한 치료나 요양 등의 보호를 필요로 하는 아동을 전문치료기관 또는 요양소에 입원 또는 입소시키는 것

⑥ 입양특례법에 따른 입양과 관련하여 필요한 조치를 하는 것

(2) 아동에 대한 금지행위

누구든지 다음의 하나에 해당하는 행위를 하여서는 아니 된다(동법 제17조).

① 아동을 매매하는 행위

② 아동에게 음행을 시키거나 음행을 매개하는 행위

③ 아동의 신체에 손상을 주는 학대행위

④ 아동에게 성적 수치심을 주는 성희롱 · 성폭력 등의 학대행위

⑤ 자신의 보호 · 감독을 받는 아동을 유기하거나 의식주를 포함한 기본적 보호 · 양육 · 치료 및 교육을 소홀히 하는 방임행위

⑥ 장애를 가진 아동을 공중에 관람시키는 행위

⑦ 아동에게 구걸을 시키거나 아동을 이용하여 구걸하는 행위

⑧ 공중의 오락 또는 흥행을 목적으로 아동의 건강 또는 안전에 유해한 곡예를 시키는 행위

⑨ 정당한 권한을 가진 알선기관 외의 자가 아동의 양육을 알선하고 금품을 취득하거나 금품을 요구 또는 약속하는 행위

⑩ 아동을 위하여 증여 또는 급여된 금품을 그 목적 외의 용도로 사용하는 행위

(3) 아동학대의 예방과 관리

국가와 지방자치단체는 아동학대의 예방과 방지를 위하여 다음의 조치를 취하여야 한다(동법 제22조 제1항).

① 아동학대의 예방과 방지를 위한 각종 정책의 수립 및 시행

② 아동학대의 예방과 방지를 위한 연구 · 교육 · 홍보 및 아동학대 실태조사

③ 아동학대에 관한 신고체제의 구축 · 운영

④ 피해아동의 보호와 치료 및 피해아동의 가정에 대한 지원

⑤ 그 밖에 대통령령으로 정하는 아동학대의 예방과 방지를 위한 사항 국가와 지방자치 단체는 아동학대를 예방하고 수시로 신고를 받을 수 있도록 긴급전화를 설치하여야 한다. 이 경우 그 설치 · 운영 등에 필요한 사항은 대통령령으로 정한다(동법 제22조 제2항).

국가와 지방자치단체는 아동보호 전문기관의 장이 피해아동의 보호, 치료 등 업무를 수행함에 있어서 피해아동, 그 보호자 또는 아동학대 행위자에 대한 신분조회 등 필요한 조치의 협조를 요청할 경우 정당한 사유가 없는 한 이에 적극 따라야 한다(동법 제22조 제3항).

(4) 아동안전에 대한 지원서비스

① 안전기준의 설정

국가는 대통령령으로 정하는 바에 따라 아동복지 시설과 아동용품에 대한

안전기준을 정하고 아동용품을 제작 · 설치 · 관리하는 자에게 이를 준수하도록 하여야 한다(동법 제30조).

② 아동안전에 대한 교육

아동복지시설의 장, 영유아보육법에 따른 어린이집의 원장, 유아교육법에 따른 유치원의 원장 및 초 · 중등교육법에 따른 학교의 장은 교육대상 아동의 연령을 고려하여 대통령령으로 정하는 바에 따라 매년 다음의 사항에 관한 교육계획을 수립하여 교육을 실시하여야 한다(동법 제31조 제1항).

㈎ 성폭력 및 아동학대 예방, ㈏ 실종 · 유괴의 예방과 방지, ㈐ 약물의 오남용 예방, ㈑ 재난대비 안전, ㈒ 교통안전

6. 복지전담기관 및 복지시설

(1) 아동보호 전문기관

국가는 아동학대 예방사업을 활성화하고 지역 간 연계체계를 구축하기 위하여 중앙아동 보호전문 기관을 둔다(동법 제45조 제1항).

지방자치단체는 학대받은 아동의 발견, 보호, 치료에 대한 신속처리 및 아동학대예방을 담당하는 지역아동 전문기관을 시. 도 및 시. 군. 구에 둔다(동법 제45조 제2항 본문). 다만, 시 · 도지사는 조례로 정하는 바에 따라 둘 이상 의 시 · 군 · 구를 통합하여 하나의 지역아동보호 전문기관을 설치 · 운영할 수 있다(동법 제45조 제2항 단서).

위에 따라 지역아동보호 전문기관을 통합하여 설치 · 운영하는 경우 시 · 도지사는 지역아동보호 전문기관의 설치 · 운영에 필요한 비용을 관할 구역

의 아동의 수 등을 고려하여 시장 · 군수 · 구청장에게 공동으로 부담하게 할 수 있다(동법 제45조 제3항).

보건복지부장관, 시 · 도지사 및 시장 · 군수 · 구청장은 아동학대예방사업을 목적으로 하는 비영리법인을 지정하여 중앙아동보호 전문기관, 지역아동보호 전문기관의 운영을 위탁할 수 있다(동법 제45조 제4항).

아동보호 전문기관의 설치기준과 운영, 상담원 등 직원의 자격과 배치기준, 지정의 요건 등에 관하여 필요한 사항은 대통령령으로 정한다(동법 제45조 제5항).

(2) 가정위탁 지원센터

국가는 가정위탁사업을 활성화하고 지역 간 연계체계를 구축하기 위하여 중앙가정위탁 지원센터(이하, 중앙가정위탁지원센터라 함)를 둔다(동법 제48조 제1항).

지방차치단체는 보호대상 아동에 대한 가정위탁 사업을 활성화하기 위해 시 · 도 및 시 · 군 · 구에 지역가정위탁 지원센터를 둔다(동법 제48조 제2항 본문). 다만, 시 · 도지사는 조례로 정하는 바에 따라 둘 이상의 시 · 군 · 구를 통합하여 하나의 지역가정위탁 지원센터를 설치 · 운영할 수 있다(동법 제48조 제2항 단서).

지역가정위탁 지원센터를 통합하여 설치· 운영하는 경우 시 · 도지사는 지역 가정위탁 지원센터의 설치 · 운영에 필요한 비용을 관할구역의 아동의 수 등을 고려하여, 시장 · 군수 · 구청장에게 공동으로 부담하게 할 수 있다(동법 제48조 제3항).

보건복지부장관, 시 · 도지사 및 시장 · 군수 · 구청장은 가정위탁지원을 목적으로 하는 비영리법인을 지정하여 중앙가정위탁 지원센터 및 지역가정위탁 지원센터의 운영을 위탁할 수 있다(동법 제48조제4항). 가정위탁 지원센터의 설치기준과 운영, 상담원 등 직원의 자격과 배치기준, 제4항에 따른 지정의 요건 등에 필요한 사항은 대통령령으로 정한다(동법 제48조 제5항).

⑶ 아동복지시설

국가 또는 지방자치단체는 아동복지시설을 설치할 수 있다(동법 제50조 제1항).

국가 또는 지방자치단체 외의 자는 관할 시장 · 군수 · 구청장에게 신고하고 아동복지시설을 설치할 수 있다(동법 제50조 제2항).

아동복지시설의 시설기준 및 설치 등에 관하여 필요한 사항은 보건복지부령으로 정한다(동법 제50조 제3항).

⑷ 재정과 비용부담

① 비용보조

국가 또는 지방자치단체는 대통령령으로 정하는 바에 따라 다음 각 호의 어느 하나에 해당하는 비용의 전부 또는 일부를 보조할 수 있다(동법 제59조).

㈎ 아동복지시설의 설치 및 운영과 프로그램의 운용에 필요한 비용 또는 수탁보호 중인 아동의 양육 및 보호 관리에 필요한 비용

㈏ 보호대상 아동의 대리양육이나 가정위탁 보호에 따른 비용

㈐ 아동복지 사업의 지도 · 감독, 계몽 및 선전에 필요한 비용

㈑ 아동보호 전문기관의 설치 · 운영에 소요되는 비용

㈎ 아동보호전문기관의 설치 · 운영에 소요되는 비용

㈏ 제38조에 따른 보호대상아동의 자립지원에 필요한 비용

㈐ 제42조에 따른 자산형성 지원 사업에 필요한 비용

㈑ 제58조에 따른 아동복지단체의 지도 · 육성에 필요한 비용

② 비용징수

시 · 도지사 시장 · 군수 · 구청장 또는 아동복지시설의 장은 제15조제 1항 제3호부터 제5호까지 및 같은 조 제4항 및 제5항에 따른 보호조치에 필요한 비용의 전부 또는 일부를 대통령령으로 정하는 바에 따라 각각 그 아동의 부양의무 자로부터 징수할 수 있다(동법 제60조)

③ 보조금의 반환명령

국가 또는 지방자치단체는 아동복지시설의 장등 보호수탁자, 가정위탁지원 센터의 장, 대리양육자 및 아동복지단체의 장이 다음의 어느 하나에 해당하는 경우에는 이미 교부한 보조금의 전부 또는 일부의 반환을 명할 수 있다(동법 제61조).

㈎ 보조금의 교부조건을 위반한 경우

㈏ 거짓이나 그 밖의 부정한 방법으로 보조금의 교부를 받은 경우

㈐ 아동복지전담기관 또는 아동복지시설의 경영에 관하여 개인의 영리를 도모하는 행위를 한 경우

㈑ 보조금의 사용 잔액이 있는 경우

㈎ 이 법 또는 이 법에 따른 명령을 위반한 경우

④ 국유 · 공유재산의 대부

국가 또는 지방자치단체는 아동복지시설의 설치 · 운영을 위하여 필요하다고 인정하는 경우 국유재산법 및 공유재산 및 물품관리법에도 불구하고 국유 · 공유 재산을 무상으로 대부하거나 사용 · 수익하게 할 수 있다(동법 제62조 제1항).

위에 따른 국유 · 공유 재산의 대부 · 사용 · 수익의 내용 및 조건에 관하여는 해당 재산을 사용 · 수익하고자 하는 자와 해당 재산의 중앙관서의 장 또는 지방자치단체의 장간의 계약에 의한다(동법 제62조 제2항).

제6절 장애인 복지법

1. 개 요

(1) 의 의

장애인 복지서비스라 함은 장애인에게 제공되는 복지서비스를 말한다. 장애인이라 함은 "일반인에 비하여 선천적 또는 후천적으로 신체적 또는 정신적 능력이 불완전하여 개인적 또는 사회적 생활에 필요한 기능의 일부 또는 전부를 갖추고 있지 못한 사람을 말한다.

(2) 종류

① 선천적 장애 및 후천적 장애

선천적 장애는 출산 전에 이미 태아애서 발생한 장애를 말한다. 후천적 장애는 출산 후에 발생한 장애를 말한다. 성인이 되어 사회활동 중에 발생한 장애를 "중도장애"라고도 한다.

② 육체적 장애 및 정신적 장애

육체적 장애는 신체에 발생한 장애를 의미하며 크게 신체외부 장애와 신체내부 장애로 나뉜다. 신체외부 장애에는 지체장애, 시각장애, 청각장애 및 언

어장애 등이 있다. 신체내부 장애는 신체 내부에 발생한 장애이다. 정신적 장애는 정신발달의 지체로 인하여 지적 기능이 불완전한 것을 말한다. 우리나라에서는 신제 외부적 장애와 정신적 장애만을 장애로서 인정하고 있으나, 외국에서는 신체 내부적 장애 및 장기질병 등도 장애에 포함시키는 경우가 있다.

2. 장애인의 권리 및 국가, 지방자치단체, 국민의 책임

(1) 장애인의 권리

인간의 존엄과 가치 등 장애인은 인간으로서 존엄과 가치를 존중받으며, 그에 걸맞은 대우를 받는 장애인은 국가 · 사회의 구성원으로서 정치 · 경제 · 사회 · 문화, 그 밖의 모 든 분야의 활동에 참여할 권리를 가진다(동법 제4조 제2항).

장애인은 장애인 관련 정책결정 과정에 우선적으로 참여할 권리가 있다(동법 제4조 제3항).

(2) 차별대우의 금지

누구든지 장애를 이유로 정치 · 경제 · 사회 · 문화생활의 모든 영역에서 차별을 받지 아니하고, 누구든지 장애를 이유로 정치 · 경제 · 사회 · 문화생활의 모든 영역에서 장애인을 차별하여서는 아니 된다(동법 제8조 제1항).

누구든지 장애인을 비하 · 모욕하거나 장애인을 이용하여 부당한 영리행위를 하여서는 아니 되며, 장애인의 장애를 이해하기 위하여 노력하여야 한다

(동법 제8조 제2항).

(3) 국가 및 지방자치단체의 책임

국가와 지방자치 단체는 장애발생을 예방하고, 장애의 조기 발견에 대한 국민의 관심을 높이며, 장애인의 자립을 지원하고, 보호가 필요한 장애인을 보호하여 장애인의 복지를 향상시킬 책임을 진다(동법 제9조 제1항). 국가와 지방자치단체는 여성 장애인의 권익을 보호하기 위하여 정책을 강구하여야 한다(동법 제9조 제2항). 국가와 지방자치단체는 장애인복지 정책을 장애인과 그 보호자에게 적극적으로 홍보하여야 하며, 국민이 장애인을 올바르게 이해하도록 하는 데에 필요 한 정책을 강구하여야 한다(동법 제9조 제3항).

(4) 국민의 책임

모든 국민은 장애발생의 예방과 장애의 조기발견을 위하여 노력하여야 하며, 장애인의 인격을 존중하고 사회통합의 이념에 기초하여 장애인의 복지향상에 협력하여야 한다(동법 제10조).

3. 기본정책수립

(1) 사회적응 훈련

국가와 지방자치 단체는 장애인이 재활치료를 마치고 일상생활이나 사회생활을 원활히 할 수 있도록 사회적응 훈련을 실시하여야 한다(동법 제19

조).

(2) 교육

국가와 지방자치 단체는 사회통합의 이념에 따라 장애인이 연령 · 능력 · 장애의 종류 및 정도에 따라 충분히 교육받을 수 있도록 교육 내용과 방법을 개선하는 등 필요한 정책을 강구하여야 한다(동법 제20조 제1항).

국가와 지방자치 단체는 장애인의 교육에 관한 조사. 연구를 촉진하여야 한다(동법 제20조 제2항).

국가와 지방자치단체는 장애인에게 전문 진로교육을 실시하는 제도를 강구하여야 한다(동법 제20조 제3항).

각급 학교의 장은 교육을 필요로 하는 장애인이 그 학교에 입학하려는 경우 장애를 이유로 입학 지원을 거부하거나 입학시험 합격자의 입학을 거부하는 등의 불리한 조치를 하여서는 아니 된다(동법 제20조 제4항).

모든 교육기관은 교육대상인 장애인의 입학과 수학 등에 편리하도록 장애의 종류와 정도에 맞추어 시설을 정비하거나 그 밖에 필요한 조치를 강구하여야 한다(동법 제20조 제5항).

(3) 직업

국가와 지방자치단체는 장애인이 적성과 능력에 맞는 직업에 종사할 수 있도록 직업지도, 직업능력 평가, 직업 적응훈련, 직업훈련, 취업알선, 고용 및 취업 후 지도 등 필요한 정책을 강구하여야 하다(동법 제21조 제1항).

국가와 지방자치단체는 장애인 직업새활훈련이 원활히 이루어질 수 있도록 장애인에게 적합한 직종과 재활사업에 관한 조사 · 연구를 촉진하여야 한다(동법 제21조 제2항).

(4) 사회적 인식개선

국가와 지방자치단체는 학생, 공무원, 근로자, 그 밖의 일반 국민 등을 대상으로 장애인에 대한 인식개선을 위한 교육 및 공익광고 등 홍보사업을 실시하여야 한다(동법 제25조 제1항).

국가는 초·중등교육법에 따른 학교에서 사용하는 교과용 도서에 장애인에 대한 인식 개선을 위한 내용이 포함되도록 하여야 한다(동법 제25조제2항). 상기사업에 관하여 필요한 사항은 대통령령으로 정한다(동법 제25조 제3항).

4. 복지서비스의 제공

(1) 장애인 등록

장애인, 그 법정대리인 또는 대통령령이 정하는 보호자는 장애 상태와 그 밖에 보건복지부령이 정하는 사항을 특별자치도지사·시장·군수 또는 구청장(자치구의 구청장을 말한다. 이하 같다)에게 등록하여야 하며, 특별자치도지사·시장·군수·구청장은 등록을 신청한 장애인이 제2조에 따른 기준에 맞으면 장애인 등록증(이하, 등록증이라 함)을 내주어야 하다(동법 제32조 제1항).

등록증을 받은 자와 그 법정대리인 또는 대통령령이 정하는 보호자는 해당 장애인이 제2조에 따른 기준에 맞지 아니하게 되거나 사망하면 그 등록증을 반환하여야 한다(동법 제32조 제2항).

(2) 의료비 지급

장애인복지 실시기관은 의료비를 부담하기 어렵다고 인정되는 장애인에게 장애정도와 경제적 능력 등을 고려하여 장애정도에 따라 의료에 소요되는 비용을 지급할 수 있다(동법 제36조 제1항).

상기 의료비 지급 대상 · 기준 및 방법 등에 관하여 필요한 사항은 보건복지부령으로 정한다(동법 제36조 제2항).

(3) 자녀교육비 지원

장애인복지 실시기관은 경제적 부담능력 등을 고려하여 장애인이 부양하는 자녀 또는 장애인인 자녀의 교육비를 지급할 수 있다(동법 제38조 제1항).

상기 교육비 지급대상 · 기준 및 방법 등에 관하여 필요한 사항은 보건복지부령으로 정한다(동법 제38조 제2항).

(4) 장애인이 사용하는 자동차 등에 대한 지원

국가와 지방자치단체, 그 밖의 공공단체는 장애인이 이동수단인 자동차 등을 편리하게 사용할 수 있도록 하고 경제적 부담을 줄여 주기 위하여 조세감면 등 필요한 지원정책을 강구하여야 한다(동법 제39조 제1항).

시장 · 군수 · 구청장은 장애인이 이용하는 자동차 등을 지원하는 데에 편리 하도록 장애인이 사용하는 자동차 등임을 알아 볼 수 있는 표지(이하, 장애인 사용자동차 등 표지라 함)를 대여하거나 보건복지부령이 정하는 자 외의 자에게 양도하는 등 부당한 방법으로 사용하여서는 아니 되며, 이와 비슷한 표지 · 명칭 등을 사용하여서는 아니 된다(동법 제39조 제3항).

(5) 생업지원

국가와 지방자치단체, 그 밖의 공공단체는 소관 공공시설 안에 식료품 · 사무용품· 신문 등 일상생활 용품을 판매하는 매점이나 자동판매기의 설치를 허가하거나 위탁할 때에는 장애인이 신청하면 우선적으로 반영하도록 노력하여 한다(동법 제42조 제1항).

시장 · 군수 또는 구청장은 장애인이 담배사업법에 따라 담배소매인으로 지정받기 위하여 신청하면 그 장애인을 우선적으로 지정하도록 노력하여야 한다(동법 제42조 제2항).

(6) 고용촉진

국가와 지방자치단체는 직접 경영하는 사업에 능력과 적성이 맞는 장애인을 고용하도록 노력하여야 하며, 장애인에게 적합한 사업을 경영하는 자에게 장애인의 능력과 적성에 따라 장애인을 고용하도록 권유할 수 있다(동법 제46조).

(7) 공공시설의 우선이용

국가와 지방자치단체, 그 밖의 공공단체는 장애인의 자립을 지원하는 데에 필요하다고 인정되면 그 공공시설의 일부를 장애인이 우선 이용하게 할 수 있다(동법 제47조).

(8) 장애수당

국가와 지방자치단체는 장애인의 장애정도와 경제적 수준을 고려하여 장애로 인한 추가적 비용을 보전하게 하기 위하여 장애수당을 지급할 수 있다(동법 제49조 제1항 본문). 다만, 국민기초생활 보장법에 따른 생계급여를 받는 장애인에게는 장애수당을 반드시 지급하여야 한다(동법 제49조 제1항 단서).

제1항에도 불구하고 장애인연금법 제2조 제1호에 따른 중증장애인에게는 제1항에 따른 장애수당을 지급하지 아니한다(동법 제49조 제2항).

상기 장애수당의 지급 대상 · 기준 및 방법 등에 관하여 필요한 사항은 대통령령으로 정한다(동법 제49조 제3항).

5. 장애인 관련법

(1) 장애인활동 지원에 관한 법

이 법은 국가와 지방자치단체가 장애아동의 특별한 복지적 욕구에 적합한 지원을 통합적으로 제공함으로써 장애아동이 안정된 가정생활 속에서 건강하게 성장하고 사회에 활발하게 참여할 수 있도록 하며, 장애아동 가족의 부담을 줄이는데 이바지함을 목적으로 한다(동법 제1조).

(2) 장애인고용촉진 및 직업재활 법

이 법은 장애인이 그 능력에 맞는 직업생활을 통하여 인간다운 생활을 할 수 있도록 장애인의 고용촉진 및 직업재활을 꾀하는 것을 목적으로 한다(동법 제1조).

부록 사회보장법 관계법

제1절 사회보장 기본법

제1절 사회보장기본법

제1장 총칙

제1조 (목적)

이 법은 사회보장에 관한 국민의 권리와 국가 및 지방자치단체의 책임을 정하고 사회보장정책의 수립·추진과 관련 제도에 관한 기본적인 사항을 규정함으로써 국민의 복지증진에 이바지하는 것을 목적으로 한다.

제2조 (기본이념)

사회보장은 모든 국민이 다양한 사회적 위험으로부터 벗어나 행복하고 인간다운 생활을 향유할 수 있도록 자립을 지원하며, 사회참여·자아실현에 필요한 제도와 여건을 조성하여 사회통합과 행복한 복지사회를 실현하는 것을 기본 이념으로 한다.

제3조 (정의)

이 법에서 사용하는 용어의 뜻은 다음과 같다.

1. "사회보장"이란 출산, 양육, 실업, 노령, 장애, 질병, 빈곤 및 사망 등의 사회적 위험으로부터 모든 국민을 보호하고 국민 삶의 질을 향상시키는 데 필요한 소득·서비스를 보장하는 사회보험, 공공부조, 사회서비스를 말한다.

2. “사회보험”이란 국민에게 발생하는 사회적 위험을 보험의 방식으로 대처함으로써 국민의 건강과 소득을 보장하는 제도를 말한다.
3. “공공부조”(公共扶助)란 국가와 지방자치단체의 책임 하에 생활 유지 능력이 없거나 생활이 어려운 국민의 최저생활을 보장하고 자립을 지원하는 제도를 말한다.
4. “사회서비스”란 국가·지방자치단체 및 민간부문의 도움이 필요한 모든 국민에게 복지, 보건의료, 교육, 고용, 주거, 문화, 환경 등의 분야에서 인간다운 생활을 보장하고 상담, 재활, 돌봄, 정보의 제공, 관련 시설의 이용, 역량 개발, 사회참여 지원 등을 통하여 국민의 삶의 질이 향상되도록 지원하는 제도를 말한다.
5. “평생사회안전망”이란 생애주기에 걸쳐 보편적으로 충족되어야 하는 기본욕구와 특정한 사회위험에 의하여 발생하는 특수욕구를 동시에 고려하여 소득·서비스를 보장하는 맞춤형 사회보장제도를 말한다.

제4조 (다른 법률과의 관계)

사회보장에 관한 다른 법률을 제정하거나 개정하는 경우에는 이 법에 부합되도록 하여야 한다.

제5조 (국가와 지방자치단체의 책임)

① 국가와 지방자치단체는 모든 국민의 인간다운 생활을 유지·증진하는 책임을 가진다.

② 국가와 지방자치단체는 사회보장에 관한 책임과 역할을 합리적으로 분담하여야 한다.

③ 국가와 지방자치단체는 국가 발전수준에 부응하고 사회환경의 변화에

선제적으로 대응하며 지속가능한 사회보장제도를 확립하고 매년 이에 필요한 재원을 조달하여야 한다.

④ 국가는 사회보장제도의 안정적인 운영을 위하여 중장기 사회보장 재정추계를 격년으로 실시하고 이를 공표하여야 한다.

제6조 (국가 등과 가정)

① 국가와 지방자치단체는 가정이 건전하게 유지되고 그 기능이 향상되도록 노력하여야 한다.

② 국가와 지방자치단체는 사회보장제도를 시행할 때에 가정과 지역공동체의 자발적인 복지활동을 촉진하여야 한다.

제7조 (국민의 책임)

① 모든 국민은 자신의 능력을 최대한 발휘하여 자립·자활(自活)할 수 있도록 노력하여야 한다.

② 모든 국민은 경제적·사회적·문화적·정신적·신체적으로 보호가 필요하다고 인정되는 사람에게 지속적인 관심을 가지고 이들이 보다 나은 삶을 누릴 수 있는 사회환경 조성에 서로 협력하고 노력하여야 한다.

③ 모든 국민은 관계 법령에서 정하는 바에 따라 사회보장급여에 필요한 비용의 부담, 정보의 제공 등 국가의 사회보장정책에 협력하여야 한다.

제8조 (외국인에 대한 적용)

국내에 거주하는 외국인에게 사회보장제도를 적용할 때에는 상호주의의 원칙에 따르되, 관계 법령에서 정하는 바에 따른다.

제2장 사회보장에 관한 국민의 권리

제9조 (사회보장을 받을 권리)

모든 국민은 사회보장 관계 법령에서 정하는 바에 따라 사회보장급여를 받을 권리(이하 "사회보장수급권"이라 한다)를 가진다.

제10조 (사회보장급여의 수준)

① 국가와 지방자치단체는 모든 국민이 건강하고 문화적인 생활을 유지할 수 있도록 사회보장급여의 수준 향상을 위하여 노력하여야 한다.

② 국가는 관계 법령에서 정하는 바에 따라 최저생계비와 최저임금을 매년 공표하여야 한다.

③ 국가와 지방자치단체는 제2항에 따른 최저생계비와 최저임금 등을 고려하여 사회보장급여의 수준을 결정하여야 한다.

제11조 (사회보장급여의 신청)

① 사회보장급여를 받으려는 사람은 관계 법령에서 정하는 바에 따라 국가나 지방자치단체에 신청하여야 한다. 다만, 관계 법령에서 따로 정하는 경우에는 국가나 지방자치단체가 신청을 대신할 수 있다.

② 사회보장급여를 신청하는 사람이 다른 기관에 신청한 경우에는 그 기관은 지체 없이 이를 정당한 권한이 있는 기관에 이송하여야 한다. 이 경우 정당한 권한이 있는 기관에 이송된 날을 사회보장급여의 신청일로 본다.

제12조 (사회보장수급권의 보호)

사회보장수급권은 관계 법령에서 정하는 바에 따라 다른 사람에게 양도하거나 담보로 제공할 수 없으며, 이를 압류할 수 없다.

제13조 (사회보장수급권의 제한 등)

① 사회보장수급권은 제한되거나 정지될 수 없다. 다만, 관계 법령에서 따로 정하고 있는 경우에는 그러하지 아니하다.

② 제1항 단서에 따라 사회보장수급권이 제한되거나 정지되는 경우에는 제한 또는 정지하는 목적에 필요한 최소한의 범위에 그쳐야 한다.

제14조 (사회보장수급권의 포기)

① 사회보장수급권은 정당한 권한이 있는 기관에 서면으로 통지하여 포기할 수 있다.

② 사회보장수급권의 포기는 취소할 수 있다.

③ 제1항에도 불구하고 사회보장수급권을 포기하는 것이 다른 사람에게 피해를 주거나 사회보장에 관한 관계 법령에 위반되는 경우에는 사회보장수급권을 포기할 수 없다.

제15조 (불법행위에 대한 구상)

제3자의 불법행위로 피해를 입은 국민이 그로 인하여 사회보장수급권을 가지게 된 경우 사회보장제도를 운영하는 자는 그 불법행위의 책임이 있는 자에 대하여 관계 법령에서 정하는 바에 따라 구상권(求償權)을 행사할 수 있다.

제3장 사회보장 기본계획과 사회보장위원회

제16조 (사회보장 기본계획의 수립)

① 보건복지부장관은 관계 중앙행정기관의 장과 협의하여 사회보장 증진을 위하여 사회보장에 관한 기본계획(이하 "기본계획"이라 한다)을 5년마다 수립하여야 한다.

② 기본계획에는 다음 각 호의 사항이 포함되어야 한다.

1. 국내외 사회보장환경의 변화와 전망
2. 사회보장의 기본목표 및 중장기 추진방향
3. 주요 추진과제 및 추진방법
4. 필요한 재원의 규모와 조달방안
5. 사회보장 관련 기금 운용방안
6. 사회보장 전달체계
7. 그 밖에 사회보장정책의 추진에 필요한 사항

③ 기본계획은 제20조에 따른 사회보장위원회와 국무회의의 심의를 거쳐 확정한다. 기본계획 중 대통령령령으로 정하는 중요한 사항을 변경하려는 경우에도 같다.

제17조 (다른 계획과의 관계)

기본계획은 다른 법령에 따라 수립되는 사회보장에 관한 계획에 우선하며 그 계획의 기본이 된다.

제18조 (연도별 시행계획의 수립·시행 등)

① 보건복지부장관 및 관계 중앙행정기관의 장은 기본계획에 따라 사회보

장과 관련된 소관 주요 시책의 시행계획(이하 "시행계획"이라 한다)을 매년 수립·시행하여야 한다.

② 관계 중앙행정기관의 장은 제1항에 따라 수립한 소관 시행계획 및 전년도의 시행계획에 따른 추진실적을 대통령령으로 정하는 바에 따라 매년 보건복지부장관에게 제출하여야 한다.

③ 보건복지부장관은 제2항에 따라 받은 관계 중앙행정기관 및 보건복지부 소관의 추진실적을 종합하여 성과를 평가하고, 그 결과를 제20조에 따른 사회보장위원회에 보고하여야 한다.

④ 보건복지부장관은 제3항에 따른 평가를 효율적으로 하기 위하여 이에 필요한 조사·분석 등을 전문기관에 의뢰할 수 있다.

⑤ 시행계획의 수립·시행 및 추진실적의 평가 등에 필요한 사항은 대통령령으로 정한다.

제19조 (사회보장에 관한 지역계획의 수립·시행 등)

① 특별시장·광역시장·특별자치시장·도지사 또는 특별자치도지사·시장(「제주특별자치도 설치 및 국제자유도시 조성을 위한 특별법」 제17조제1항에 따른 행정시장을 포함한다)·군수·구청장(자치구의 구청장을 말한다. 이하 같다)은 관계 법령으로 정하는 바에 따라 사회보장에 관한 지역계획(이하 "지역계획"이라 한다)을 수립·시행하여야 한다.

② 지역계획은 기본계획과 연계되어야 한다.

③ 지역계획의 수립·시행 및 추진실적의 평가 등에 필요한 사항은 대통령령으로 정한다.

제20조 (사회보장위원회)

① 사회보장에 관한 주요 시책을 심의·조정하기 위하여 국무총리 소속으로 사회보장위원회(이하 "위원회"라 한다)를 둔다.

② 위원회는 다음 각 호의 사항을 심의·조정한다.

1. 사회보장 증진을 위한 기본계획
2. 사회보장 관련 주요 계획
3. 사회보장제도의 평가 및 개선
4. 사회보장제도의 신설 또는 변경에 따른 우선순위
5. 둘 이상의 중앙행정기관이 관련된 주요 사회보장정책
6. 사회보장급여 및 비용 부담
7. 국가와 지방자치단체의 역할 및 비용 분담
8. 사회보장의 재정추계 및 재원조달 방안
9. 사회보장 전달체계 운영 및 개선
10. 제32조제1항에 따른 사회보장통계
11. 사회보장정보의 보호 및 관리
12. 그 밖에 위원장이 심의에 부치는 사항

③ 위원장은 다음 각 호의 사항을 관계 중앙행정기관의 장과 지방자치단체의 장에게 통지하여야 한다.

1. 제16조제3항에 따라 확정된 기본계획
2. 제2항의 사항에 관하여 심의·조정한 결과

④ 관계 중앙행정기관의 장과 지방자치단체의 장은 위원회의 심의·조정 사항을 반영하여 사회보장제도를 운영 또는 개선하여야 한다.

제21조 (위원회의 구성 등)

① 위원회는 위원장 1명, 부위원장 2명과 교육부장관, 안전행정부장관, 고

용노동부장관, 여성가족부장관, 국토교통부장관을 포함한 30명 이내의 위원으로 구성한다. [개정 2013.3.23 제11690호(정부조직법)]

② 위원장은 국무총리가 되고 부위원장은 기획재정부장관 및 보건복지부장관이 된다.

③ 위원회의 위원은 다음 각 호의 어느 하나에 해당하는 사람으로 한다.

1. 대통령령으로 정하는 관계 중앙행정기관의 장
2. 다음 각 목의 사람 중에서 대통령이 위촉하는 사람
   가. 근로자를 대표하는 사람
   나. 사용자를 대표하는 사람
   다. 사회보장에 관한 학식과 경험이 풍부한 사람
   라. 변호사 자격이 있는 사람

④ 위원의 임기는 2년으로 한다. 다만, 공무원인 위원의 임기는 그 재임 기간으로 하고, 제3항제2호 각 목의 위원이 기관·단체의 대표자 자격으로 위촉된 경우에는 그 임기는 대표의 지위를 유지하는 기간으로 한다.

⑤ 보궐위원의 임기는 전임자 임기의 남은 기간으로 한다.

⑥ 위원회를 효율적으로 운영하고 위원회의 심의사항을 전문적으로 검토하기 위하여 위원회에 실무위원회를 두며, 실무위원회에 분야별 전문위원회를 둘 수 있다.

⑦ 실무위원회에서 의결한 사항은 위원장에게 보고하고 위원회의 심의를 거쳐야 한다. 다만, 대통령령으로 정하는 경미한 사항에 대하여는 실무위원회의 의결로써 위원회의 의결을 갈음할 수 있다.

⑧ 위원회의 사무를 효율적으로 처리하기 위하여 보건복지부에 사무국을 둔다.

⑨ 이 법에서 규정한 사항 외에 위원회, 실무위원회, 분야별 전문위원회,

사무국의 구성·조직 및 운영 등에 필요한 사항은 대통령령으로 정한다.

제4장 사회보장정책의 기본방향

제22조 (평생사회안전망의 구축·운영)

① 국가와 지방자치단체는 모든 국민이 생애 동안 삶의 질을 유지·증진할 수 있도록 평생사회안전망을 구축하여야 한다.

② 국가와 지방자치단체는 평생사회안전망을 구축·운영함에 있어 사회적 취약계층을 위한 공공부조를 마련하여 최저생활을 보장하여야 한다.

제23조 (사회서비스 보장)

① 국가와 지방자치단체는 모든 국민의 인간다운 생활과 자립, 사회참여, 자아실현 등을 지원하여 삶의 질이 향상될 수 있도록 사회서비스에 관한 시책을 마련하여야 한다.

② 국가와 지방자치단체는 사회서비스 보장과 제24조에 따른 소득보장이 효과적이고 균형적으로 연계되도록 하여야 한다.

제24조 (소득 보장)

① 국가와 지방자치단체는 다양한 사회적 위험 하에서도 모든 국민들이 인간다운 생활을 할 수 있도록 소득을 보장하는 제도를 마련하여야 한다.

② 국가와 지방자치단체는 공공부문과 민간부문의 소득보장제도가 효과적으로 연계되도록 하여야 한다.

제5장 사회보장제도의 운영

제25조 (운영원칙)

① 국가와 지방자치단체가 사회보장제도를 운영할 때에는 이 제도를 필요로 하는 모든 국민에게 적용하여야 한다.

② 국가와 지방자치단체는 사회보장제도의 급여 수준과 비용 부담 등에서 형평성을 유지하여야 한다.

③ 국가와 지방자치단체는 사회보장제도의 정책 결정 및 시행 과정에 공익의 대표자 및 이해관계인 등을 참여시켜 이를 민주적으로 결정하고 시행하여야 한다.

④ 국가와 지방자치단체가 사회보장제도를 운영할 때에는 국민의 다양한 복지 욕구를 효율적으로 충족시키기 위하여 연계성과 전문성을 높여야 한다.

⑤ 사회보험은 국가의 책임으로 시행하고, 공공부조와 사회서비스는 국가와 지방자치단체의 책임으로 시행하는 것을 원칙으로 한다. 다만, 국가와 지방자치단체의 재정 형편 등을 고려하여 이를 협의·조정할 수 있다.

제26조 (협의 및 조정)

① 국가와 지방자치단체는 사회보장제도를 신설하거나 변경할 경우 기존 제도와의 관계, 사회보장 전달체계와 재정 등에 미치는 영향 등을 사전에 충분히 검토하고 상호협력하여 사회보장급여가 중복 또는 누락되지 아니하도록 하여야 한다.

② 중앙행정기관의 장과 지방자치단체의 장은 사회보장제도를 신설하거나 변경할 경우 신설 또는 변경의 타당성, 기존 제도와의 관계, 사회보장 전달

체계에 미치는 영향 및 운영방안 등에 대하여 대통령령으로 정하는 바에 따라 보건복지부장관과 협의하여야 한다.

③ 제2항에 따른 협의가 이루어지지 아니할 경우 위원회가 이를 조정한다.

④ 보건복지부장관은 사회보장급여 관련 업무에 공통적으로 적용되는 기준을 마련할 수 있다.

제27조 (민간의 참여)

① 국가와 지방자치단체는 사회보장에 대한 민간부문의 참여를 유도할 수 있도록 정책을 개발·시행하고 그 여건을 조성하여야 한다.

② 국가와 지방자치단체는 사회보장에 대한 민간부문의 참여를 유도하기 위하여 다음 각 호의 사업이 포함된 시책을 수립·시행할 수 있다.

1. 자원봉사, 기부 등 나눔의 활성화를 위한 각종 지원 사업
2. 사회보장정책의 시행에 있어 민간 부문과의 상호협력체계 구축을 위한 지원사업
3. 그 밖에 사회보장에 관련된 민간의 참여를 유도하는 데에 필요한 사업

③ 국가와 지방자치단체는 개인·법인 또는 단체가 사회보장에 참여하는 데에 드는 경비의 전부 또는 일부를 지원하거나 그 업무를 수행하기 위하여 필요한 지원을 할 수 있다.

제28조 (비용의 부담)

① 사회보장 비용의 부담은 각각의 사회보장제도의 목적에 따라 국가, 지방자치단체 및 민간부문 간에 합리적으로 조정되어야 한다.

② 사회보험에 드는 비용은 사용자, 피용자(被傭者) 및 자영업자가 부담하는 것을 원칙으로 하되, 관계 법령에서 정하는 바에 따라 국가가 그 비용

의 일부를 부담할 수 있다.

③ 공공부조 및 관계 법령에서 정하는 일정 소득 수준 이하의 국민에 대한 사회서비스에 드는 비용의 전부 또는 일부는 국가와 지방자치단체가 부담한다.

④ 부담 능력이 있는 국민에 대한 사회서비스에 드는 비용은 그 수익자가 부담함을 원칙으로 하되, 관계 법령에서 정하는 바에 따라 국가와 지방자치단체가 그 비용의 일부를 부담할 수 있다.

제29조 (사회보장 전달체계)

① 국가와 지방자치단체는 모든 국민이 쉽게 이용할 수 있고 사회보장급여가 적시에 제공되도록 지역적·기능적으로 균형잡힌 사회보장 전달체계를 구축하여야 한다.

② 국가와 지방자치단체는 사회보장 전달체계의 효율적 운영에 필요한 조직, 인력, 예산 등을 갖추어야 한다.

③ 국가와 지방자치단체는 공공부문과 민간부문의 사회보장 전달체계가 효율적으로 연계되도록 노력하여야 한다.

제30조 (사회보장급여의 관리)

① 국가와 지방자치단체는 국민의 사회보장수급권의 보장 및 재정의 효율적 운용을 위하여 다음 각 호에 관한 사회보장급여의 관리체계를 구축·운영하여야 한다.

1. 사회보장수급권자 권리구제
2. 사회보장급여의 사각지대 발굴
3. 사회보장급여의 부정·오류 관리

4. 사회보장급여의 과오지급액의 환수 등 관리

② 보건복지부장관은 사회서비스의 품질기준 마련, 평가 및 개선 등의 업무를 수행하기 위하여 필요한 전담기구를 설치할 수 있다.

③ 제2항의 전담기구 설치·운영 등에 필요한 사항은 대통령령으로 정한다.

제31조 (전문인력의 양성 등)

국가와 지방자치단체는 사회보장제도의 발전을 위하여 전문인력의 양성, 학술 조사 및 연구, 국제 교류의 증진 등에 노력하여야 한다.

제32조 (사회보장통계)

① 국가와 지방자치단체는 효과적인 사회보장정책의 수립·시행을 위하여 사회보장에 관한 통계(이하 "사회보장통계"라 한다)를 작성·관리하여야 한다.

② 관계 중앙행정기관의 장과 지방자치단체의 장은 소관 사회보장통계를 대통령령으로 정하는 바에 따라 보건복지부장관에게 제출하여야 한다.

③ 보건복지부장관은 제2항에 따라 제출된 사회보장통계를 종합하여 위원회에 제출하여야 한다.

④ 사회보장통계의 작성·관리에 필요한 사항은 대통령령으로 정한다.

제33조 (정보의 공개)

국가와 지방자치단체는 사회보장제도에 관하여 국민이 필요한 정보를 관계 법령에서 정하는 바에 따라 공개하고, 이를 홍보하여야 한다.

제34조 (사회보장에 관한 설명)

국가와 지방자치단체는 사회보장 관계 법령에서 규정한 권리나 의무를 해당 국민에게 설명하도록 노력하여야 한다.

제35조 (사회보장에 관한 상담)

국가와 지방자치단체는 사회보장 관계 법령에서 정하는 바에 따라 사회보장에 관한 상담에 응하여야 한다.

제36조 (사회보장에 관한 통지)

국가와 지방자치단체는 사회보장 관계 법령에서 정하는 바에 따라 사회보장에 관한 사항을 해당 국민에게 알려야 한다.

제6장 사회보장정보의 관리

제37조 (사회보장정보시스템의 구축·운영 등)

① 국가와 지방자치단체는 국민편익의 증진과 사회보장업무의 효율성 향상을 위하여 사회보장업무를 전자적으로 관리하도록 노력하여야 한다.

② 국가는 관계 중앙행정기관과 지방자치단체에서 시행하는 사회보장수급권자 선정 및 급여 관리 등에 관한 정보를 통합·연계하여 처리·기록 및 관리하는 시스템(이하 "사회보장정보시스템"이라 한다)을 구축·운영할 수 있다.

③ 보건복지부장관은 사회보장정보시스템의 구축·운영을 총괄한다.

④ 보건복지부장관은 사회보장정보시스템 구축·운영의 전 과정에서 개인정보 보호를 위하여 필요한 시책을 마련하여야 한다.

⑤ 보건복지부장관은 관계 중앙행정기관, 지방자치단체 및 관련 기관·단체

에 사회보장정보시스템의 운영에 필요한 정보의 제공을 요청하고 제공받은 목적의 범위에서 보유·이용할 수 있다. 이 경우 자료의 제공을 요청받은 자는 정당한 사유가 없으면 이에 따라야 한다.

⑥ 관계 중앙행정기관 및 지방자치단체의 장은 제2항의 사회보장정보와 관련하여 사회보장정보시스템의 활용이 필요한 경우 사전에 보건복지부장관과 협의하여야 한다. 이 경우 보건복지부장관은 관련 업무에 필요한 범위에서 정보를 제공할 수 있고 정보를 제공받은 관계 중앙행정기관 및 지방자치단체의 장은 제공받은 목적의 범위에서 보유·이용할 수 있다.

⑦ 보건복지부장관은 사회보장정보시스템의 운영·지원을 위하여 전담기구를 설치할 수 있다.

제38조 (개인정보 등의 보호)

① 사회보장 업무에 종사하거나 종사하였던 자는 사회보장업무 수행과 관련하여 알게 된 개인·법인 또는 단체의 정보를 관계 법령에서 정하는 바에 따라 보호하여야 한다.

② 국가와 지방자치단체, 공공기관, 법인·단체, 개인이 조사하거나 제공받은 개인·법인 또는 단체의 정보는 이 법과 관련 법률에 근거하지 아니하고 보유, 이용, 제공되어서는 아니 된다.

제7장 보칙

제39조 (권리구제)

위법 또는 부당한 처분을 받거나 필요한 처분을 받지 못함으로써 권리 또는 이익을 침해받은 국민은 「행정심판법」에 따른 행정심판을 청구하거나 「행정소송법」에 따른 행정소송을 제기하여 그 처분의 취소 또는 변경 등을 청구할 수 있다.

제40조 (국민 등의 의견수렴)

국가와 지방자치단체는 국민생활에 중대한 영향을 미치는 사회보장 계획 및 정책을 수립하려는 경우 공청회 및 정보통신망 등을 통하여 국민과 관계 전문가의 의견을 충분히 수렴하여야 한다.

제41조 (관계 행정기관 등의 협조)

① 국가와 지방자치단체는 사회보장 관련 계획 및 정책의 수립·시행, 사회보장통계의 작성 등을 위하여 관련 공공기관, 법인, 단체 및 개인에게 자료 제출 등 필요한 협조를 요청할 수 있다.

② 위원회는 사회보장에 관한 자료 제출 등 위원회 업무에 필요한 경우 관계 행정기관의 장에게 협조를 요청할 수 있다.

③ 제1항 및 제2항에 따라 협조요청을 받은 자는 정당한 사유가 없으면 이에 따라야 한다.

부칙

①(시행일) 이 법은 공포후 6월이 경과한 날부터 시행한다.

②(폐지법률) 사회보장에관한법률은 이를 폐지한다.

부칙 [2005.1.27]

이 법은 공포한 날부터 시행한다. 다만, 제17조제3항의 개정규정은 공포 후 3월이 경과한 날부터 시행하고, 제22조제3항·제4항 및 제23조제1항의 개정규정은 공포 후 1년이 경과한 날부터 시행한다.

부칙 [2008.2.29 제8852호(정부조직법)]

제1조 (시행일) 이 법은 공포한 날부터 시행한다. 단서 생략

제2조부터 제5조까지 생략

제6조 (다른 법률의 개정) ① 부터 <465> 까지 생략

<466> 사회보장기본법 일부를 다음과 같이 개정한다.

제17조제2항 중 "재정경제부장관·교육인적자원부장관 및 보건복지부장관"을 "기획재정부장관·교육과학기술부장관 및 보건복지가족부장관"으로 한다.

제20조제1항, 제21조, 제22조제1항 및 제23조제1항 중 "보건복지부장관"을 각각 "보건복지가족부장관"으로 한다.

제22조제2항부터 제4항까지 중 "보건복지부장관"을 각각 "보건복지가족부장관"으로 한다.

제22조제3항 중 "보건복지부"를 "보건복지가족부"로 한다.

<467> 부터 <760> 까지 생략

제7조 생략

부 칙[2009.6.9 제9767호]

이 법은 공포한 날부터 시행한다. 다만, 제17조·제22조 및 제23조의 개정규정은 공포 후 3개월이 경과한 날부터 시행한다.

부 칙[2010.1.18 제9932호(정부조직법)]

제1조(시행일) 이 법은 공포 후 2개월이 경과한 날부터 시행한다. <단서

생략>

제2조 및 제3조 생략

제4조(다른 법률의 개정) ① 부터 <55> 까지 생략

<56> 사회보장기본법 일부를 다음과 같이 개정한다.

제17조제2항, 제20조제1항, 제21조, 제22조제1항부터 제4항까지 및 제23조제1항 중 "보건복지가족부장관"을 각각 "보건복지부장관"으로 한다.

제22조제3항 중 "보건복지가족부"를 "보건복지부"로 한다.

<57> 부터 <137> 까지 생략

제5조 생략

부 칙[2012.1.26 제11238호]

제1조(시행일) 이 법은 공포 후 1년이 경과한 날부터 시행한다.

제2조(다른 법령과의 관계) 이 법 시행 당시 다른 법령에서 종전의 「사회보장기본법」 또는 그 규정을 인용한 경우 이 법 가운데 그에 해당하는 규정이 있으면 종전의 규정을 갈음하여 이 법의 해당 조항을 인용한 것으로 본다.

부 칙[2013.3.23 제11690호(정부조직법)]

제1조(시행일) ① 이 법은 공포한 날부터 시행한다.

② 생략

제2조부터 제5조까지 생략

제6조(다른 법률의 개정) ①부터 <467>까지 생략

<468> 사회보장기본법 일부를 다음과 같이 개정한다.

제21조제1항 중 "교육과학기술부장관, 행정안전부장관"을 "교육부장관, 안

전행정부장관"으로, "국토해양부장관"을 "국토교통부장관"으로 한다.

<469>부터 <710>까지 생략

색 인

사회보장법

유각근 지음

초판 인쇄 | 2013년 8월 20일
초판 발행 | 2013년 8월 31일

펴낸곳 | 선문대학교 출판부
336-708 충남 아산시 탕정면 갈산리 100
전화 041-530-2827, 팩스 041-530-2979
등록 | 1998년 9월 25일 (제9호)
펴낸이 | 황선조

ISBN : 978-89-8423-722-3 03360 | 정가 15,000원